Rüdiger Kaldewey/Franz W. Niehl · Grundwissen Religion

RÜDIGER KALDEWEY/FRANZ W. NIEHL

GRUNDWISSEN RELIGION

BEGLEITBUCH FÜR RELIGIONSUNTERRICHT UND STUDIUM

KÖSEL

CIP-Kurztitelaufnahme der Deutschen Bibliothek

Kaldewey, Rüdiger:
Grundwissen Religion: Begleitbuch für Religionsunterricht u. Studium / Rüdiger Kaldewey; Franz W. Niehl. – 3. Aufl., 34.–38. Tsd. – München: Kösel, 1987.
ISBN 3-466-36179-6

NE: Niehl, Franz W.:

3. Auflage 1987

Umschlag: Günther Oberhauser, München, unter Verwendung einer Miniatur aus dem Codex aureus von St. Emmeram (westfränkisch, um 870), München, Bayerische Staatsbibliothek (clm 14000)
Gesamtherstellung: Kösel, Kempten.

ISBN 3-466-36179-6

Inhaltsverzeichnis

1 Religion

2 Gott

3 Jesus Christus

4 Kirche

5 Ethik

6 Bibel

7 Kirchengeschichte

Anhang

Vorwort

Kritiker werfen dem Religionsunterricht vor, er führe zur »Inselbildung«: Schüler lernen dies und das, aber der Zusammenhang des Ganzen geht ihnen verloren. Über diese ungenügende Einsicht in Zusammenhänge klagen auch Schüler, Studenten, Lehrer und Dozenten in gleicher Weise. Gerade an Hochschulen wird fehlendes Grundlagenwissen bemängelt.

GRUNDWISSEN RELIGION möchte

- Zusammenhänge des christlichen Glaubens aufzeigen und grundlegendes Wissen vermitteln, ohne jedoch katechismusartig in den Glauben einführen zu wollen;
- lernbares Wissen strukturiert anbieten und damit Wiederholung und Vertiefung erleichtern;
- Begleitbuch für den Unterricht in der Sekundarstufe II und im Studium sein;
- als Nachschlagewerk rasch Orientierungshilfen und Überblick geben.

Das Buch kann und will Arbeit an Quellentexten und methodisch reflektierten Religionsunterricht selbstverständlich nicht ersetzen. Im Religionsunterricht der gymnasialen Oberstufe bewährt sich GRUNDWISSEN RELIGION vor allem in folgenden Situationen:

- Resümierende Wiederholung eines thematischen Zusammenhangs am Ende einer Lerneinheit;
- Einbettung eines ausführlich besprochenen Textes oder Problems in einen größeren Zusammenhang;
- Wiederholung zur Vorbereitung auf Kursarbeit oder Abiturprüfung;
- Auffrischung des früher Gelernten in einem Folgekurs;
- kurze Wiederholungsphasen zur Ergebnissicherung (etwa am Ende einer Doppelstunde).

GRUNDWISSEN RELIGION spiegelt das theologische Problembewußtsein angesichts des zeitgenössischen Lebensgefühls. Das Buch geht davon aus, daß Jugendliche und Erwachsene weithin aus säkularisiertem Bewußtsein heraus nach dem Glauben fragen. Daher haben auch Artikel, die sich mit den Bewußtseinsveränderungen und Verstehensproblemen der Neuzeit befassen, zentrale Bedeutung (z. B. Was ist religiöse Erfahrung? Symbolbildung, Mythos, Säkularisierung, Vom Verstehen der Bibel usw.). Ausdrücklich wird jeweils in den Einleitungskapiteln der Lebensbezug einer theologischen Fragestellung ausgewiesen. – In hohem Maß berücksichtigt GRUNDWISSEN RELIGION biblische Überlieferungen der Glaubensbegründung.

Für Korrekturen und Hinweise danken wir Hugo Finken, Helmut Kurz, Hubert Metz, Gebhard Neumüller und Marie-Kathrin Niehl; für die Ausfertigung des Manuskripts danken wir besonders Frau Ursula Bichler.

Saarbrücken/Trier
im Oktober 1983

Rüdiger Kaldewey
Franz W. Niehl

1 Religion

1.1 Zugänge zur Religion

Problematik des Begriffs

Fast alle Schüler in der Bundesrepublik Deutschland haben *Religions*-Unterricht. Lernen sie darin, was es bedeutet, religiös zu sein? – Wir sind gewohnt, das Christentum eine Religion zu nennen. Aber was haben christliche Beter, buddhistische Mönche und Anhänger des antiken Baalkults wirklich gemeinsam? Gibt es ein einigendes Band für sie, das man Religion nennen könnte?

Die »wilde« Religion

In frühen Kulturen ist das Leben im ganzen religiös geprägt. Kultische Tänze und Gesänge, Beschwörungen und Ekstasen, (Tier-)Opfer und rituelles Fasten begleiten viele Stationen des Lebens. Der Mensch weiß sich umgeben von Dämonen und Göttern, auf die er einwirkt und die sein Leben bestimmen (→ 1.7). – Auch die frühen Zeiten der jüdischen und christlichen Religion kennen solche magischen und ekstatischen Ereignisse: Im Tempel in Jerusalem werden Tiere als Brandopfer geschlachtet; die ersten Christen berichten vom Zungenreden, d. h. von ekstatisch-ergriffenem Stammeln in der Gemeindeversammlung.

Diese befremdende Seite der Religion ist aber nicht nur geschichtliche Vorzeit: In vielen außereuropäischen Kulturen sind Formen der »wilden« Religion verbreitet. Auch die großen Gestalten der Religionen haben ihre Zeitgenossen irritiert und gegen die übliche Lebensweise verstoßen. Jesus, Franz von Assisi und Siddhartha Gautama wenden sich bewußt ab von der verbreiteten religiösen Praxis ihrer Umwelt. Sie kritisieren in ihrem Lebensstil eine zivilisierte Religion, die sich an die Bedürfnisse einer Gesellschaft angepaßt hat.

Die integrierte Religion

In unserer Kultur wird die christliche Religion in den geregelten Formen kirchlichen Lebens weitergegeben. Die christlichen Kirchen sind gesellschaftlich anerkannt. Der Glaube aber durchdringt nicht mehr alle Bereiche des Lebens; er wird zunehmend zu einem selbständigen Teilbereich (→ 4.3; 1.8).

Die meisten Kinder werden getauft; ein Teil wächst durch die Familie in eine Kirche hinein. Durch die religiöse Einstellung ihrer Eltern lernen Kinder dann Gebete und religiöses Brauchtum. Das Leben in der Gemeinde erweitert und bestätigt diese Form religiöser Praxis: Das Kind wird eingeübt in Gebet und Gottesdienst; es wird vertraut mit Riten und Sakramenten (→ 4.5) und lernt wichtige Texte der Heiligen Schrift kennen. Grundlegende Gebete und Symbole des Glaubens (→ 1.6) werden ihm selbstverständlich. Mit diesen religiösen Vollzügen übernimmt es zugleich Wertungen, Lebensgefühl und Weltdeutung seiner Religion.

Insofern ist das Hineinwachsen in eine Religion Teil der Erziehung überhaupt. Es kann nun sein, daß die religiöse Prägung einem Menschen Anstöße zur Lebensgestaltung und zu bewußterem Leben gibt, für die er dankbar ist. Es ist aber auch möglich, daß ein junger Mensch Religion als ein Teil von Forderungen erfährt, die ihm fremd bleiben. – Erst in der bewußten Auseinandersetzung mit der eigenen religiösen Erziehung klärt sich demnach, was Religion für einen Menschen bedeutet.

Die konventionelle Religion

Eine große Zahl von Menschen in unserer Gesellschaft hat keine erlebnismäßige Bindung mehr an eine Religionsgemeinschaft. Sie nehmen Religion aber noch als Teil der überlieferten gesellschaftlichen Formen und Konventionen wahr. So wachsen in vielen Familien Kinder ohne religiöse Erziehung auf; sie gewinnen keine oder nur sehr oberflächliche Kontakte zu einer Kirchengemeinde (z. B. durch Erstkommunion bzw. Konfirmation). Trotz des Ausfalls religiöser Erziehung nehmen solche Kinder und Jugendliche Erscheinungsformen religiösen Lebens wahr:

– in der religiösen Praxis anderer Christen,
– in den Medien (Berichte über kirchliche Ereignisse usw.),
– bei den christlichen Hochfesten,
– weitgehend auch im Religionsunterricht der Schule oder in der religiösen Unterweisung des Kindergartens,
– in den christlichen Inhalten der Kunst, Literatur und Musik.

Die reflektierte Religion

In dem Maß, in dem in unserer Gesellschaft Lebenszusammenhänge verlorengehen, geht auch die erlebnismäßige Bindung an eine Religionsgemeinschaft zurück. Anstöße zur Aneignung des Glaubens können dann häufig von Religionsunterricht, theologischer Literatur und den Medien kommen. Erwachsene haben in diesem Zusammenhang oft auch den Wunsch, einfache religiöse Vorstellungen aus ihrer Kindheit weiterzuentwickeln, damit sie ihrem differenzierteren Bild vom Menschen eher entsprechen. Diese verstandesmäßige Auseinandersetzung mit dem Glauben wird begünstigt durch eine lange philosophische Tradition des Christentums.

Aufgrund dieser Situation ergeben sich Probleme für die christlichen Kirchen:

- Das Erleben der Religion tritt offensichtlich zurück zugunsten reflektierter Religion.
- Viele Christen haben keine erlebnismäßige Beziehung zur Kirche mehr und können nur ungenügend Formen kirchlichen Lebens verstehen.
- Es kommt häufig vor, daß Gläubige die reflektierte Religion als Widerspruch zur Praxis und Verkündigung ihrer Kirche erfahren.
- Viele Erwachsene spüren das Bedürfnis nach weltanschaulicher Orientierung; da ihnen die Möglichkeit zu systematischer und reflektierter Klärung fehlt, stellen sie sich aus unterschiedlichen Elementen ihre private Weltanschauung zusammen.

1.2 Was ist Religion?

Braucht der Mensch Religion?

In der Geschichte erscheint Religion in vielfältigen Gestalten (→ 1.1). Eine einzige Definition kann dieser Buntheit religiöser Lebensformen nicht gerecht werden. Gibt es dennoch einen erkennbaren Ursprung, in dem alle Religionen wurzeln?

Vielleicht ist die Bedürftigkeit der Menschen der Grund jeder Religion: Der Mensch erlebt sich selbst als unbeantwortbare Frage; sein Leben bleibt ein Geheimnis, dessen letzten Grund er nicht aus sich findet. – Das Leben eines jeden Menschen ist in Leiden verstrickt; jeder weiß, daß der Tod seine unabänderliche Zukunft ist, und sieht, wie sein Leben schicksalhaft begrenzt wird. Diese Erfahrungen müssen verarbeitet werden und verlangen nach Sinndeutung.

Ein zweiter Ursprung der Religion dürfte in der Erziehungsbedürftigkeit des Menschen liegen. Ungezügelter Egoismus, Korruption und Aggressivität bedrohen immer wieder die Identität des einzelnen und das Zusammenleben der Menschen. Durch religiöse Formung werden Lebenshaltungen erworben, die den einzelnen und die Gesellschaft fördern: Askese als Haltung des Verzichts, Ehrfurcht vor der Welt als Schöpfung, Solidarität und Nächstenliebe, Meditation und Gebet als Formen der Selbsterziehung.

Exemplarische Definitionen

Obwohl es keine erschöpfende Definition von Religion geben kann, ist es hilfreich, einige typische Definitionsversuche zu vergleichen:

1. Supranaturales Religionsverständnis

Diese Auffassung geht davon aus, daß Religion in einer übernatürlichen Wirklichkeit begründet ist. Durch Offenbarungen erschließt sich diese Wirklichkeit, und der Gläubige nimmt durch Gebet und Kult Beziehung zu ihr auf.

In diesem Sinn definiert *H. Glasenapp* Religion als den »Glauben an das Dasein übernatürlicher persönlicher oder unpersönlicher Mächte, von denen sich der Mensch abhängig fühlt, die er für sich zu gewinnen sucht oder zu denen er sich zu erheben trachtet«.

2. Existentiales Religionsverständnis

Diese Auffassung trennt nicht zwischen einer diesseitigen und einer jenseitigen Welt; Religion wird hier verstanden als Erfahrung unbedingter Betroffenheit. So definiert *Paul Tillich:* »Religion ist im weitesten und tiefsten Sinne des Wortes das, was uns unbedingt angeht.«

3. Marxistisches Religionsverständnis

Für *Karl Marx* ist Religion eine Täuschung. Sie ist erwachsen aus der Rechtfertigung ungerechter Verhältnisse, und sie hilft den Unterdrückten zugleich, diese Ungerechtigkeit auszuhalten; denn sie vertröstet auf jenseitiges Glück: »Die Religion ist der Seufzer der bedrängten Kreatur, das Gemüt der herzlosen Welt ... Sie ist das Opium des Volkes.« (→ 1.10)

4. Dialektisches Religionsverständnis

Karl Barth (1886–1968) sieht die Gefahr, daß Kirche und Staat eine zu enge Beziehung eingehen, so daß der christliche Glaube seine kritische Kraft einbüßt. Für ihn unterscheidet sich das christliche Bekenntnis grundlegend von einer natürlichen, vernunftgemäßen Welterklärung. Der Glaube ist begründet im letztlich unbegreiflichen Hereinbrechen Gottes in die menschliche Geschichte. »Religion« als Welterklärung und Sittenlehre ist daher für Karl Barth das »Werk des gottlosen Menschen«, der sich dem Geheimnis Gottes eigenmächtig entziehen will.

1.3 Funktionen der Religion

Welche Bedeutung hat Religion?

Fragt man nach der Bedeutung der Religion, lassen sich vier wichtige Funktionen unterscheiden:

1. *Weltanschauliche Funktion:* Religion vermittelt Deutungen für Lebenserfahrungen, Geschichte und Natur (z. B. in Schöpfungserzählungen, in Deutungen des Leidens, in Reflexionen über Ursprung und Ziel der Geschichte usw.).
2. *Gesellschaftliche Funktion:* Religiöse Vollzüge wirken gemeinschaftsbildend (Gottesdienste, religiöse Freizeiten, Jugendgruppen, Festivals usw.). – Religiöse Sehweisen wirken sich aus auf das gesellschaftliche Bewußtsein (Wertediskussion, Staatsauffassung, Sozialethik). Und umgekehrt provozieren die gesellschaftlichen Verhältnisse Stellungnahmen und Veränderungen in religiösen Gemeinschaften (z. B. Sozialenzykliken, Denkschriften, Demokratisierung in der Kirche).
3. *Ethische Funktion:* Religion bietet Wertmaßstäbe zur Beurteilung von Gütern und Verhaltensweisen. Sie regt dazu an, Verhaltens-

weisen zu überprüfen und Lebensziele zu suchen (z. B. Dekalog, Goldene Regel, Nachfolge Jesu, Heilige als Vorbilder → 5.4, 5.5).

4. *Psychische Funktion:* Religion hilft, Angst zu bewältigen, Krisensituationen zu bestehen und fördert die Selbstannahme (z. B. Seelsorge, Gebet, Meditation, Sakramente → 4.5).

Diese Zusammenstellung nennt die positiven Möglichkeiten der Religion. Es gibt aber auch Ausprägungen von Religion, die nicht als Bereicherung des menschlichen Lebens empfunden werden. Dort etwa kann Religion entfremdend wirken, Angst auslösen und Reifungsprozesse des Menschen verhindern.

1.4 Religiöse Erfahrung

Was ist Erfahrung?

Der Begriff »Erfahrung« ist mehrdeutig und schwer zu definieren. Erfahren ist jemand, der mit einer Handlungsweise durch lange Übung vertraut ist (etwa: ein erfahrener Pilot). – »Erfahrung« meint aber vor allem Erlebnisse, die einen tiefen Eindruck in einem Menschen hinterlassen haben und durch die sich seine Einstellung zum Leben vielleicht verändert hat. Erfahrungen werden Teil der Person; sie sind sprachlich gedeutete Erlebnisse und können nicht ersetzt werden durch Belehrungen. Vielleicht sind sie das, was sich im Menschen ansammelt als Deutung des Lebens und als Haltung gegenüber anderen Menschen.

Beispiele religiöser Erfahrung

Versteht man Religion im Sinne *Paul Tillichs* als Auseinandersetzung mit den Fragen, die den Menschen unbedingt angehen, so gibt es eine Fülle von religiösen Erfahrungen: Immer dann, wenn ein Erlebnis Betroffenheit auslöst und die Tiefendimension des Lebens aufschließt, ist es im Ansatz religiös.

1. Die Erfahrung des wahren Selbst – Einem Menschen geht auf, wie er sein könnte, durch welche Art zu leben er glücklicher würde. Er ändert seinen bisherigen Lebensstil und versucht, eine neue Lebensform zu finden.

2. Die Erfahrung der universalen Einheit und Gemeinschaft – In bestimmten Situationen spürt man, wie Menschen trotz aller Grenzen einander verstehen, einander bedürfen und miteinander verbunden sind. Ähnlich kann das Erlebnis der Natur oder einer Landschaft ein Gefühl für den Zusammenhang, in dem man als Mensch lebt, entstehen lassen (Beispiel: Gemeinschafts- und Naturerlebnis in den Ferien).

3. *Die Erfahrung einer absoluten Verpflichtung* – Einem Menschen geht auf: Das Glück und die Zukunft eines andern hängen jetzt von meinem Verhalten ab (von meiner Treue, meiner Fairneß, meiner Rücksichtnahme . . .). Dieser Anspruch hat aber den Charakter einer Selbstverpflichtung – kein Gesetz und keine Moral verlangen diese Haltung.

4. *Die Erfahrung der inneren Freiheit* – Trotz aller äußeren Zwänge, ja vielleicht trotz objektiver Unfreiheit kann ein Mensch innerlich so unabhängig und so frei sein, daß ihm die Lebensumstände nicht seine Autonomie rauben. (Beispiel: Bonhoeffer in nationalsozialistischer Haft)

5. *Die Erfahrung befreiender Wahrheit* – Ein Mensch, der an einem bestimmten Problem lange Zeit gelitten hat, entdeckt auf einmal oder nach und nach eine tiefere Wahrheit, die ihn neu leben läßt. (Beispiel: Neues Vertrauen in den Sinn des Lebens am Ende einer Lebenskrise)

6. *Erfahrung der Vertrauenswürdigkeit des Lebens* – Ein Mensch weiß sich getragen von einer grundsätzlichen Zustimmung zum Leben. Dadurch wird er fähig, Krisen und Ungewißheit auszuhalten.

Diese Aufzählung will nur die *Eigenart religiöser Erfahrung* verdeutlichen. Gemeinsam sind diesen Beispielen folgende Momente:

Merkmale religiöser Erfahrung

a) *Emotionale Intensität* – Es handelt sich um Erfahrungen, die Betroffenheit auslösen und die das Gefühlsleben eines Menschen bestimmen.

b) *Diaphanie und Transzendenz* (Diaphanie = Durchscheinen, Transzendenz = Überschreitung) – In religiösen Erfahrungen wird die »Oberfläche« der Wirklichkeit durchstoßen. Eine neue Sinnebene, die das Leben umgreift oder übersteigt, wird sichtbar. Das Erlebnis läßt diesen Sinnhorizont durchscheinen in den Alltag hinein – und umgekehrt wird ein vordergründiges »Leben« überschritten auf einen größeren Sinnzusammenhang hin.

c) *Authentizität* – All diese religiösen Erfahrungen sind authentische Ich-Erfahrungen; sie können nicht von einem andern stellvertretend gemacht werden. Und es sind Erlebnisse, in denen der Betreffende sich unmittelbar ganz erfährt. Hier sind Fremdbestimmung und Zwanghaftigkeit nicht möglich.

d) *Prägender Charakter für die Zukunft* – Religiöse Erfahrungen bewähren sich gerade darin, daß sie das Leben eines Menschen bestimmen oder verändern. Er lernt sich mit neuen Augen sehen.

1.5 Christlicher Glaube und religiöse Erfahrung

Religiöse Erfahrungen, wie sie in 1.4 charakterisiert wurden, kann grundsätzlich jeder Mensch machen. Ja, einer, dem solche Erfahrungen völlig fremd wären, lebt wahrscheinlich oberflächlich und ohne Leidenschaft. – Was ist nun das besondere an *christlichen* religiösen Erfahrungen?

Ursprüngliche religiöse Erfahrungen

Am Anfang der christlichen Glaubensgeschichte stehen ursprüngliche religiöse Erfahrungen: die Befreiung Israels aus Ägypten, das Verlangen nach Gerechtigkeit (→ 6.4, 6.6), die Begegnung mit Jesus aus Nazaret, die Hoffnung auf einen ewigen Frieden usw. – Diese Erfahrungen wurden formuliert aus dem Glauben an Gott und teilweise in mythischen Sprachformen ausgesagt (in Legenden, Wundererzählungen, Erscheinungserzählungen → 1.7): Gott hat Mose berufen; er hat Israel aus der Unterdrückung in Ägypten befreit; Jahwe verlangt Gerechtigkeit durch seine Propheten; mit Jesus Christus ist die Gottesherrschaft angebrochen; Jesus Christus ist von den Toten auferweckt worden usw. – So sind Grundbegriffe des christlichen Glaubens entstanden: Schöpfung, Erlösung, Reich Gottes, Umkehr, Berufung, Gnade, Heiliger Geist, Auferstehung, Gericht – diese und andere Vorstellungen drücken religiöse Erfahrungen Israels und der christlichen Kirche aus.

Heutige Probleme

Offensichtlich können viele Menschen diese Tradition nicht mehr in die Deutung ihres Lebens einbeziehen. Dazu tragen verschiedene Zusammenhänge bei:

1. Eine an Konsum, Unterhaltung und technischem Fortschritt orientierte Umwelt beeinträchtigt jene Erlebnisfähigkeit, auf der Religion aufbaut.

2. Wer heute religiöse Erfahrungen macht, dem bieten sich dafür mehrere Deutungsmöglichkeiten an (z. B. soziologische, psychologische, psychoanalytische), die sich nicht ohne weiteres in der Symbolsprache des christlichen Glaubens ausdrücken lassen. Durch die Säkularisierung (→ 1.8) haben sich unser Lebensgefühl und unsere Weltdeutung so sehr verschoben, daß wir grundlegende Erfahrungen zumeist ohne Berufung auf eine jenseitige Wirklichkeit erklären.

Korrelation: Einheit von Glauben und Leben

Dennoch werden auch heute Erfahrungen gemacht, die den genannten christlichen Erfahrungen entsprechen, zum Beispiel:

- Die Erfahrung absoluter Verpflichtung kann christlich als Berufung durch Gott gedeutet werden.
- Die Erfahrung der Vertrauenswürdigkeit des Lebens ist christlich als Erfahrung der Liebe Gottes verstanden worden.
- Glück kann der Christ als Wirkung der Gnade erleben.

Wenn auf diese Weise Erfahrungen christlich gedeutet werden, ergibt sich eine *Korrelation* (Wechselbeziehung) zwischen Grunderfahrungen des Lebens und christlichen Glaubensvorstellungen. Im Idealfall müßte dann folgendes geschehen: Ein Christ deutet die Grunderfahrungen seines Lebens mit Hilfe der Vorstellungen und Bilder seines Glaubens – und umgekehrt leiten ihn die Glaubensvorstellungen dazu an, sein Leben bewußter zu führen und intensiver wahrzunehmen. Die Glaubensvorstellungen geben dann eine Richtung vor, einen Inhalt der religiösen Erfahrung. Wer etwa das Leiden für einen anderen als Kreuz und als Nachfolge Jesu versteht, kann vielleicht dem Leiden eher einen Sinn abgewinnen. – Diese Verbindung von christlichem Glauben und Leben setzt allerdings eine gewisse Reife und Wahrnehmungsfähigkeit voraus.

1.6 Symbolbildung

Wie entwickeln sich religiöse Vorstellungen?

Religiöse Vorstellungen entwickeln sich meistens in einem komplizierten Interpretationsvorgang, den wir als Prozeß der Symbolbildung bezeichnen. (Dieser Prozeß ist aber nicht auf den Bereich des Religiösen beschränkt; die Bilder, die sich ein Mensch von anderen Menschen macht, aber auch die Vorstellung eines Volkes von den großen Gestalten seiner Geschichte entwickeln sich oft nach einem ähnlichen Schema.)

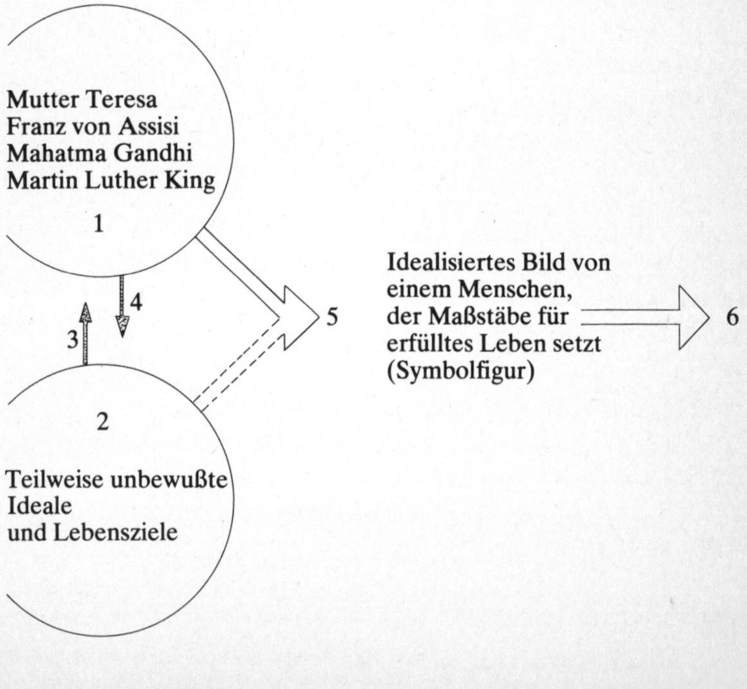

Zur Erläuterung des Bildschemas

1 Es gibt Menschen, die durch ihre Persönlichkeit oder durch ihr Wirken faszinierend wirken. Die Art, wie sie gelebt haben oder leben, wirkt maßgebend.
2 In jedem einzelnen Menschen und in der Gemeinschaft vieler Menschen gibt es eine – oft vage – Vorstellung vom vollkommenen Leben.
3 Dieses Ideal wird projiziert auf jene Menschen, die besonders überzeugend wirken.
4 Umgekehrt werden die vagen Vorstellungen vom vollkommenen Leben anschaulich und gefüllt durch das Wissen über jene großen Gestalten, die damit zu Vorbildern werden.
5 Das Wissen über jene Menschen und die Vorstellungen vom gelingenden Leben verschmelzen in einem Durchdringungsprozeß, so daß sich aus jenen vorbildhaften Menschen Symbolfiguren entwickeln.
6 In der weiteren geschichtlichen Wirkung füllt sich das Bild der Symbolfigur auf. Durch Verehrung, bildliche Darstellungen und wissenschaftliche Arbeit erweitert sich die Vorstellung von der Symbolfigur. Sie wird damit zum Träger der – teilweise unbewußten – Erlösungssehnsucht des Menschen.

Die Wirkungsgeschichte einer Symbolfigur wird damit auch beeinflußt durch den Fragehorizont und die Probleme der jeweiligen Zeit. So ist in der katholischen Kirche die Verehrung des heiligen Aloysius zurückgegangen; er wurde vor allem jungen Männern als Vorbild der Frömmigkeit und der sexuellen Enthaltsamkeit vorgestellt. Gegenwärtig nimmt demgegenüber die Identifikation mit Franz von Assisi zu (→ 7.6).

1.7 Mythos

Was ist »Mythos«?

Das griechische Wort *Mythos* bedeutet ursprünglich: Wort, Rede, Erzählung; es wird dann aber als Bezeichnung für Göttersagen verwendet. Der Mythos ist die Muttersprache der Religion. Gerade in frühen Religionen bilden Erzählungen von Göttern und göttlichen Wesen den Inhalt der religiösen Weltanschauung (Schöpfungsmythen, Erzählungen von Fruchtbarkeitsgöttern, Geschichten der Kriegsgötter usw.).
Sie dienen der Erklärung der Welt und begründen kultische Handlungen. Diese Mythen wirken auch gemeinschaftsstiftend und legitimieren das Handeln: Weil die Götter die Fruchtbarkeit der Erde schenken, kann der Mensch säen und durch Opfer die fruchtbringende Kraft Gottes wirksam machen usw.

Mythos und Glaube

Es ist schwierig, über den Mythos angemessen zu sprechen. Denn der Gläubige, der in einer mythischen Welt lebt, kann seine religiösen

Vorstellungen nicht als Mythen bezeichnen. Für ihn sind diese die Darstellung der Wirklichkeit selbst. Erst wenn an die grundlegenden Göttergeschichten nicht mehr geglaubt wird, wenn sie also als Erzählungen durchschaut sind, erscheinen sie als Mythen. (Daher kann das frühe Christentum die Göttersagen der Griechen als Mythen bezeichnen, während die Himmelfahrt Christi als wirkliches Geschehen geglaubt wird.)

Elemente des Mythos

Analysiert man aus diesem methodischen Abstand die mythischen Traditionen, so fallen vor allem zwei Elemente auf:

1. Der Mythos trennt nicht deutlich zwischen der Vergangenheit und der Gegenwart. Was »im Anfang« durch die Götter geschah, geschieht immer noch und immer wieder. Die Göttererzählungen bestimmen gegenwärtige Wirklichkeit und legitimieren das Handeln. Der Mythos spielt *in ewiger Gegenwart*.

2. Der Mythos stiftet *ganzheitliche Lebensordnungen*. Er bettet einzelne Handlungen in eine Weltdeutung ein und begründet sittliche Verpflichtungen. Säen und ernten, Kriegführung und das Leben der Familie erhalten durch mythische Erzählungen ihre Begründung und werden in einen sozialen Zusammenhang eingeordnet. Daher nimmt der Mythos dem einzelnen je neue Entscheidungen ab; er erspart ihm zugleich das Gefühl der Isolierung und der Zufälligkeit seines Lebens (→ 4.3).

Christentum und Mythos

Das Christentum ist arm an reinen Mythen. Im strengen Sinn könnte man vielleicht die Erzählung vom Paradies oder vom Turmbau zu Babel als Mythen bezeichnen. Vom Judentum her ist das Christentum stärker historisch als mythisch geprägt: Die Befreiung Israels aus Ägypten, das theologisch gedeutete Exil in Babylon (→ 6.4, 6.6) und vor allem die Gestalt Jesu aus Nazaret (→ 3.2) sind historische Fundamente des biblischen Glaubens; sie verlieren sich nicht in der geschichtlichen Unbestimmtheit des Mythos. Dennoch verbinden sich in der Überlieferung mythische Erzählformen und Deutungsfiguren mit den geschichtlichen Grundlagen des Glaubens (→ 6.8).

Der gebrochene Mythos

Wenn der Mythos als Mythos erkannt ist, kann er nur noch gebrochen wahrgenommen werden. Eine Rückkehr in die mythische Welt ist unmöglich. Der Mythos wird damit zur Literatur und kann nur noch über Interpretationen weiterwirken. In diesem Sinn kann etwa der Mythos von Sisyphos als Bild der Situation des Menschen verstanden werden, der wegen seines Freiheitsstrebens trotzig die Erfahrung der Absurdität in Kauf nimmt. Der Mythos vom Paradies kann als Sehnsucht nach einem unbeschädigten, harmonischen Dasein gedeutet werden, das wegen des Besitz- und Aufklärungsstrebens des Menschen verloren geht usw.

Wird der Mythos in dieser Art interpretiert, erweist sich wieder seine Anregungskraft: Er zeigt Bedrohungen des Menschseins auf und zeichnet Lebensperspektiven; diese bewirken vielleicht, daß ein bloß technischer Umgang mit der Welt und ein naives Glück des Habens infragegestellt werden.

1.8 Säkularisierung

Definition

Unter Säkularisierung (Verweltlichung) versteht man die Loslösung des einzelnen, des Staates und der gesellschaftlichen Gruppen aus den Bindungen an Kirche und Religion.

Ursachen der Säkularisierung

Säkularisierungsprozesse begleiten die Neuzeit; als Ursachen der Säkularisierung kann man nennen:

- Die Entdeckung der *Autonomie des Menschen* in der Renaissance (14. bis 16. Jahrhundert). – Aus der wirtschaftlichen und politischen Blüte der oberitalienischen Städte entsteht ein neues Lebensgefühl, das sich weitgehend unabhängig vom kirchlichen Einfluß entwickelt. Elemente dieses Lebensgefühls: Machtbewußtsein, ausgeprägter Sinn für körperliche Schönheit; Pflege der Architektur, der Bildenden Künste, der Literatur und Musik.
- *Das kritische Denken* der Aufklärung (18. Jahrhundert). – Diese lehnte es ab, einer Auffassung schon deshalb zuzustimmen, weil sie eine lange Tradition hat oder weil sie religiös begründet wurde. Die einzige Autorität, die die Aufklärung gelten läßt, ist die menschliche Vernunft.
- Der *methodische Ansatz der Naturwissenschaften*, wonach Erscheinungen und Prozesse in der Natur durch Kausalzusammenhänge hinreichend erklärt werden können.
- Die Begründung der demokratischen Staatsform, von Recht und Gesetz aus *den natürlichen Rechten* des Menschen (amerikanische Verfassung, Französische Revolution).

Auswirkungen der Säkularisierung

Im einzelnen lassen sich folgende Momente der Säkularisierung beobachten:

1. Die Ausgliederung weiter Lebensbereiche aus der Verantwortung oder Mitsprache der Kirche. (Herrschaftsform und Macht; Bildungswesen; Sozialfürsorge; Standesämter . . .)

2. Verweltlichung des Lebensgefühls. Während man im vorsäkularisierten Denken das Leben und einzelne Vorkommnisse recht unbefangen auf das Handeln Gottes zurückführte, erklärt man heute die meisten Erscheinungen und Erfahrungen innerweltlich (Entwicklung des Menschen, Krankheit, Geburt und Tod, Naturkatastrophen, technische und wirtschaftliche Abläufe . . .)

3. Die Übernahme von Funktionen der Religion durch andere Institutionen. Deutung des Lebens, seelische Stabilisierung und ethische Urteilsbildung werden heute in verschiedenen Einrichtungen und Formen gefördert, beispielsweise: Literatur und Massenmedien, Beratungsstellen und psychologische Literatur, Akademien und Wissenschaften, Parlament und politische Parteien, Gewerkschaften, Bürgerinitiativen . . .

4. Säkularisierung der religiösen Weltdeutung bei den Gläubigen. Auch der Glaube der Christen unterliegt dem Einfluß säkularisierten Denkens. Wissenschaftliche Welterklärung, Normbegründungen der säkularisierten Gesellschaft wirken zurück auf das Lebensgefühl und das Glaubensverständnis der Christen; damit verändert sich auch die Funktion der Religion für den Gläubigen (→ 4.10, 5.6, 6.8).

Die Säkularisierung stellt ein ambivalentes (doppeldeutiges) Geschehen dar:

- Man kann in ihr den Abfall unserer Kultur von religiös geprägten Deutungen und Lebensformen sehen.
- Man kann sie als Förderung der Mündigkeit (Autonomie) und als Befreiung des Menschen verstehen.

Offene Fragen

Somit bleiben viele Fragen:

- Ist die Säkularisierung abgeschlossen oder wird der Einfluß der christlichen Kirchen weiter zurückgehen?
- Eröffnen sich den Kirchen in der säkularisierten Welt neue Gestaltungsmöglichkeiten? (Kirchliche Sozialarbeit, kirchliche Schulen, Kirche als Einrichtung, deren soziales Handeln nicht am Gewinn orientiert ist . . .)
- Kann der christliche Glaube Teilgebiete der säkularisierten Kultur erneut prägen (z. B. durch christliche Wirtschaftsethik, durch Parteinahme in politisch-ethischen Auseinandersetzungen, durch Teilantworten auf die Sinnfrage usw.)?
- Kann die Kirche den christlichen Glauben angesichts des säkularisierten Bewußtseins neu interpretieren (→ 6.8)?
- Können Christen vielleicht sogar in der Säkularisierung ein positives Ergebnis des christlichen Glaubens sehen?
- Stellt der Prozeß der Säkularisierung nicht nur eine Überforderung des Glaubens, sondern eine Überforderung des Menschen dar (Überanstrengung der Vernunft, Belastungen durch Technik und Rationalisierung)?
- Ist der Prozeß der Säkularisierung irreversibel? Oder kann man damit rechnen, daß die Kritik am technisch-industriellen Lebensstil auch die religiöse Dimension der Wirklichkeit wieder bewußt macht?

1.9 Agrarkultur und Industriekultur

Unsere Gesellschaft hat sich nicht unmittelbar und in einem Zug aus der Agrargesellschaft entwickelt. Vielmehr gibt es schon früh Stadtkulturen (z. B. in Mesopotamien und Ägypten seit dem 3. Jahrtausend v. Chr.). – In Mitteleuropa entwickelt sich ein eigenständiger Handel, und es bildet sich ein ständisch gegliedertes Handwerk heraus; dadurch wird die spätere Entwicklung zur Industriekultur schon vorbereitet.

Dennoch: Um das Jahr 1830 hatte Deutschland im wesentlichen eine bäuerliche Bevölkerung; daneben gab es vor allem Berufe, die von der Landwirtschaft abhängig waren (Schmied, Müller, Wagner, Gerber). Zwischen 1850 und 1960 hat dann die Industriekultur fast alle Lebensbereiche verändert. In vereinfachender Gegenüberstellung kann man diese Entwicklung folgendermaßen charakterisieren:

Merkmale der Agrarkultur	Merkmale der Industriekultur
Überschaubare Siedlungen. – Dörfer und Kleinstädte herrschen vor. Jeder kennt jeden, Rollen sind fest ausgeprägt.	*Dominanz der großen Städte.* – Anonyme Wohngebiete, in denen Menschen zusammenwohnen, die kein gemeinsames Tätigkeitsfeld haben.
Stabilität des Wohnorts und des Berufs. – Leben in der Großfamilie, Beruf als Familienmerkmal; er wird während des ganzen Lebens ausgeübt.	*Starke Fluktuation.* – Wohnort und Arbeitsplatz werden häufig gewechselt. Die Kleinfamilie bleibt als stabiler sozialer Kern.
Einheit von Wohn- und Arbeitsgemeinschaft. – Das Haus (der Bauernhof) ist zugleich Familienwohnort und Arbeitsplatz. Nahezu alle Familienmitglieder sind am gleichen Arbeitsprozeß beteiligt.	*Trennung von Wohnung, Arbeit und Freizeit.* – Die verschiedenen Mitglieder der Familie haben in der Regel keinen gemeinsamen Beruf. Die Familie wird zur Freizeitgemeinschaft.
Selbstversorgungsgesellschaft. – Das Dorf – und weitgehend schon die einzelne Familie – verbraucht überwiegend, was es selbst herstellt. Geldwirtschaft ist wenig entwikkelt. Vor allem an Markttagen werden Güter gekauft, die im eigenen Dorf nicht hergestellt werden.	*Arbeitsteilige Gesellschaft,* die in hohem Maß auf Zwischenhandel und Geldwirtschaft beruht. Überwiegend werden Güter verbraucht, die vom Verbraucher nicht hergestellt werden können. Die Dienstleistungsberufe wachsen an.
Kontinuität der Arbeitstechniken und Gebrauchsgüter. – Über Jahrhunderte bleiben	*Rascher Wandel durch technischen Fortschritt.* – Neue Techniken und neue Erfin-

Merkmale der Agrarkultur	Merkmale der Industriekultur
die landwirtschaftlichen Arbeitstechniken und die hauswirtschaftlichen Geräte praktisch konstant.	dungen verändern *ständig* Arbeitsbedingungen, Alltag und Freizeitverhalten.
Berufe werden ererbt – nicht eigentlich erlernt. – Das Kind wächst in die land- und hauswirtschaftlichen Arbeiten hinein. Im Handwerk wird dagegen schon die Lehrzeit außerhalb der Familie üblich.	*Individuelle Berufsentscheidung und langer Ausbildungsweg.* – Die freie Berufswahl wird zum Grundrecht. Die Schulzeit wird erheblich verlängert, die Ausbildung für einen Beruf (Lehrzeit oder Studium) intensiviert und erweitert. (Zahl der Studenten und Fachschulabsolventen vervielfacht sich.)
Abhängigkeit vom Rhythmus des Jahres und vom Wetter. – Die Reihenfolge der landwirtschaftlichen Arbeiten wird von den Jahreszeiten bestimmt (Landbestellung, Saat, Ernte). Erntezeit und Vorratswirtschaft legen damit auch den Rahmen des Speiseplans fest. (Salat im Frühjahr, Sauerkraut im Winter usw.) – Extreme Trockenheit führt zur Mißernte und damit zur kollektiven Not.	*Abhängigkeit von Rohstoffen und der volkswirtschaftlichen Entwicklung.* – Die Abhängigkeit von der Natur ist teilweise aufgehoben und abgelöst durch Abhängigkeiten von der Gesellschaft im ganzen und von der wirtschaftlichen Entwicklung. – Die Rolle des Staates ist entsprechend gewachsen, denn er regelt über Steuern und Begünstigungen das Wirtschaftsleben.
Ganzheitliche Grunderfahrungen. – Saat und Ernte, früher Tod eines Familienangehörigen, Mißernte oder Feuer, Krankheit oder Familienfeste – all dies war für sämtliche Bewohner des Dorfes nachvollziehbar, ja teilweise gemeinsame Erfahrung.	*Starke Segmentierung.* – Die Spezialisierung im Beruf (Folge: sehr viele Berufe) und die Trennung von Wohnung und Arbeitsplatz führen dazu, daß der Alltag der meisten Menschen für andere unanschaulich geworden ist. Man kann sich im einzelnen oft nicht vorstellen, wie andere Menschen leben.
Gemeinsame Grundauffassungen und Werte. – Damit das bäuerliche Leben gelingen konnte, waren bestimmte Wertvorstellungen unerläßlich: Fleiß und Sparsamkeit, Achtung der Besitzrechte, Familiensinn und Sorge für das Gemeinwohl ... – Dem entsprach weitgehend die gemeinsame christliche Glaubensüberzeugung, die zugleich Hinweise für die Lebensdeutung und für die Bewältigung emotionaler Krisen gab.	*Pluralität der weltanschaulichen und ethischen Überzeugungen.* – Weil in der heutigen Gesellschaft Grunderfahrungen und Tätigkeitsfelder, die allen gemeinsam sind, weitgehend fehlen, ist die Verständigung über ethische und weltanschauliche Fragen schwieriger geworden. Jeder einzelne muß sich stärker um persönlich verantwortete Werte und Lebensziele bemühen.

1.10 Religionskritik

	Ludwig Feuerbach (1804–1872)	*Karl Marx* (1818–1882)	*Sigmund Freud* (1856–1939)
These	Religion ist im Kern Selbstauslegung des Menschen. Gott ist demnach die Personifizierung menschlicher Wünsche. Der Glaube an Gott wirkt aber dennoch positiv auf den Menschen, da er ihm seine wahre Größe vor Augen stellt und damit die Humanisierung vorantreibt. Der Gläubige unterliegt jedoch einem Irrtum, weil er Gott als eine Realität versteht, die unabhängig vom Menschen existiert.	Religion ist eine Weltdeutung, die ungerechte Verhältnisse rechtfertigt und zugleich Ergebnis des Unrechts ist. Sie vertröstet die Unterdrückten und hindert sie damit, ihre Befreiung selbst zu betreiben. So wirkt Religion wie Opium: Der Leidende braucht das vorgetäuschte Glück der Religion. Damit dient die Religion den Interessen der Besitzenden und Herrschenden.	Der Mensch leidet unter Schädigungen, die Natur und Schicksal ihm zufügen (z. B. Naturkatastrophen, Krankheit, Behinderungen, Tod). Diese Schicksalsmächte personifiziert der Mensch in der Götterwelt; den Göttern spricht er menschliche Züge zu, so daß sie kalkulierbar werden und der Mensch auf sie Einfluß nehmen kann (Gebete, Opfer). – Die jüdische Tradition vereinigt alle Züge des Göttlichen in einer überdimensionalen Vatergestalt. – Die Verehrung des Göttlichen erlebt der Mensch als seelische Entlastung, zugleich hindert sie den Menschen daran, erwachsen zu werden, denn er kann immer eine übernatürliche Instanz für sein Schicksal verantwortlich machen bzw. um Hilfe anflehen.
Dominierende Motive	Auflösung der Selbsttäuschung des Menschen. Alle Energien, die bisher für die Verehrung Gottes aufgewendet wurden, sollen sich unmittelbar auf den Menschen richten und dessen Humanisierung dienen. Die Eigenschaften Gottes werden damit Perspektiven der Menschheitsgeschichte: Schöpferkraft, Gerechtigkeit, Unsterblichkeit.	Aufhebung ungerechter Herrschaft und Beseitigung entsprechender Besitzverhältnisse. Befreiung des Arbeiters zur Selbstbestimmung.	Die Reifung des Menschen, der für sein Leben allein einsteht. Die illusionslose Haltung, daß es keinen Halt und keine Sicherheit außerhalb menschlicher Verantwortung gibt.

Hinweise zur Wertung der Religionskritik

Historische Einbettung

Die wichtigsten Wortführer der klassischen Religionskritik denken angesichts der Erfahrungen des 19. Jahrhunderts. Die philosophischen Konsequenzen der Aufklärung und die Industrialisierung haben damals zu einem einschneidenden Bewußtseinswandel geführt. Die Dimensionen dieses Wandels und das Ausmaß der sozialen Veränderungen wurden aber von den Regierenden durchweg nicht erkannt (→ 1.9). Die Monarchien wie die Kirchenleitungen versuchten, den Geist der Modernen abzuwehren. So entstand eine Spannung zwischen dem Problemdruck des Jahrhunderts und dem Verhalten von Kirche und Staat.

Gegenüber der damaligen Zeit haben sich Kirche und Gesellschaft verändert: Demokratische Regelungen haben sich eingespielt, soziales Denken ist im Wertbewußtsein verankert; die christlichen Kirchen haben ihre Mitverantwortung für die Gestaltung der Welt erkannt (→ 5.10; 7.10). Wie sehr sich die Fronten verschoben haben, zeigt zum Beispiel die Situation in Polen: Die katholische Kirche wird Anwalt der Freiheitsrechte gegen eine marxistische Regierung. Ähnlich tritt die Kirche heute in Lateinamerika für politischen Wandel und sozialen Fortschritt ein.

Damit bezieht sich die Religionskritik oft nur auf eine historisch und kulturell begrenzte Ausprägung der christlichen Religion.

Die kritische Funktion der Religionskritik

Die legitimen Motive der Religionskritiker sollten aus heutiger Sicht verstanden werden als Aufforderung zur Läuterung der christlichen Religion. Der Einspruch der Religionskritik macht auf Fehlentwicklungen aufmerksam und sollte Anstoß zur Reform des Christentums sein. Wo etwa der Gottesglaube menschliche Reifungsprozesse behindert, sollte die Gottesvorstellung gereinigt werden von magischen oder despotischen Zügen. In diesem Sinn kann die Religionskritik eine biblisch grundgelegte Kritik an falschen Gottesbildern weiterführen. Prophetische Tradition und das Gottesbild Jesu rechtfertigen in ähnlicher Weise die Überprüfung beengender Gottesvorstellungen. So kann sich eine theologisch begründete Religionskritik teilweise mit der philosophischen Religionskritik der Neuzeit verbinden.

1.11 Glaube und Wissen

Unser heutiges Lebensgefühl ist gekennzeichnet durch Wissenschaft und Technik. Immer wieder wird versucht, wichtige gesellschaftliche oder persönliche Entscheidungen abzusichern durch wissenschaftliche Erkenntnis; Sachverständige und deren Gutachten wirken häufig mit, um komplizierte Zusammenhänge durchschaubar zu machen. Wissenschaftlich gesicherte Aussagen genügen aber oft nicht, um verantwortliches Handeln zu begründen. Die Grenzen rational gesicherter Einsicht zeigen sich etwa

Grenzen des Wissens

- in der Diskussion, ob der Mensch grundsätzlich frei handelt (und damit fähig ist zu Schuld und Verantwortung) oder ob er unter biologischen und sozialen Zwängen steht (→ 5.7);
- in der Frage, ob die Geschichte im ganzen sinnlos ist oder ob sie als Weg zu größerer Menschlichkeit verstanden werden kann;
- in der Frage, ob weitere Rüstungsanstrengungen oder die Abrüstung dem Frieden eher dienen;
- in der Frage, ob das Wachstum des Wohlstands oder die Erhaltung der Umwelt größere politische Dringlichkeit haben;
- in der übergreifenden Frage, ob das Leben einen Sinn hat oder ob der Mensch nur den verzweifelten Versuch macht, dem Sinnlosen einen Sinn zuzusprechen;
- in den persönlichen Entscheidungen, die Zukunft bestimmen und Zukunftserwartungen voraussetzen (Beruf, Partnerschaft, Ehe).

Notwendigkeit von Optionen

Auch in diesen Fragen muß genau geprüft werden, welche Wahlmöglichkeiten es gibt und welche Folgen bestimmte Entscheidungen haben. Damit bleibt der Beitrag der Wissenschaften notwendig. Die notwendige Festlegung auf eine Lösung gelingt aber nur, wenn man sich für eine bestimmte *Option* entscheidet, d. h. für grundlegende Zielvorstellungen, die wissenschaftlich nicht mehr begründet werden können.

Aus dieser Sicht kann man den christlichen Glauben verstehen als ein Bekenntnis zu zentralen Optionen.

- Der Glaube an Gott schließt die Hoffnung ein, daß das Leben trotz mancher Krisen sinnvoll ist.
- Der Glaube an Jesus Christus schließt die Option ein, daß in der Nachfolge Jesu das Leben menschlicher wird (→ 5.5).
- Das Vertrauen auf die Gottesherrschaft schließt den Glauben an eine gute Zukunft der Welt ein (→ 2.8).

Diese christlichen Grundannahmen sind nicht objektiv beweisbar; sie begründen vielmehr eine Art zu denken und zu leben. Ihre Überzeugungskraft gewinnen diese Grundannahmen aus ihrer Wirkung. Sie bewähren sich als Ideale, wenn sie gültige Lebensentwürfe hervorbringen – sie bewähren sich aber ebenso, wenn sie zur Kritik an einer inhumanen Praxis herausfordern.

1.12 Die Zukunft der Religion

Der Ort der Frage

Die Frage nach der Zukunft der Religion wird einmal angestoßen durch die marxistische Religionskritik (→ 1.10). Diese sagt das Absterben der Religion voraus, sobald die gesellschaftlichen Verhältnisse endgültig gebessert sind. – Zweifel an der Zukunft der Religion scheinen aber auch berechtigt, wenn man die nachlassende Prägekraft der christlichen Kirchen in der neuzeitlichen Gesellschaft beobachtet (→ 4.10).

Fragen möglicher Entwicklungen

Naturgemäß kann niemand sagen, welche Entwicklungen sich in Zukunft abspielen werden. Es lassen sich aber einige Fragen stellen, durch die Entwicklungslinien in den Blick treten:

1. Wie wird sich die Säkularisierung weiterhin auf den Einfluß der Kirchen und die Ausprägung des christlichen Glaubens auswirken (→ 1.8)? Vielleicht ist der Prozeß der Säkularisierung noch nicht zum Abschluß gekommen. Damit ist auch die Frage offen, ob und wie der Glaube angesichts des säkularisierten Bewußtseins interpretiert werden kann.

2. Wie wirkt sich die Krise des Fortschrittsglaubens auf die christliche Religion aus? Immer mehr Menschen erkennen, daß die Industriekultur zu einer einseitigen Belastung wird. Die Einpassung in technische und wirtschaftliche Abläufe bedroht die Erlebnisfähigkeit und den Gestaltungswillen des einzelnen. Zugleich führt die Zerstörung der natürlichen Umwelt zu gesundheitlichen Schäden.

Diese Entwicklung läßt erneut nach einer menschenwürdigen Lebensgestaltung fragen:

- Stärkt ein begrenzter Konsumverzicht (Askese) nicht die Selbständigkeit und Freiheit des einzelnen?
- Muß die Außensteuerung durch Werbung und Unterhaltung nicht korrigiert werden durch einen individuellen Lebensstil? (Gebet und Meditation)
- Muß der Raubbau an der Natur nicht abgelöst werden durch einen ehrfurchtsvollen Umgang mit der Welt als Schöpfung?
- Bedürfen die gesellschaftlichen Reformansätze nicht der Ergänzung durch ein gewandeltes Denken?

3. Die religiöse Bewußtseinsbildung beschränkt sich nicht auf innerkirchliche Verständigung. Mobilität, Bildungsniveau und Informationsmöglichkeiten der modernen Gesellschaft sorgen für breite Kommunikation. Über die Grenzen der Konfessionen und der aktiven Mitgliedschaft in der Kirche hinaus tragen Bücher, Medien und Religionsunterricht zur Klärung religiöser Fragen bei. Dabei schleifen sich Grenzen zwischen den Konfessionen ab, zugleich werden Elemente neuzeitlichen Denkens und Wertempfindens als christliches

Erbe wiedererkannt (z. B. Freiheit, Gleichheit, soziale Verantwortung, Humanität). – Wie wirkt sich diese Entwicklung aus auf die Zugehörigkeit des einzelnen zur Kirche und auf die Zusammenarbeit zwischen den Konfessionen (→ 4.7)?

4. Gibt es nicht eine gemeinsame Verantwortung der Weltreligionen für die Zukunft der Menschheit? Gibt es Möglichkeiten der Zusammenarbeit, beispielsweise zwischen Buddhisten und Christen? Kann in dieser Zusammenarbeit nicht eine neue Lebenshaltung entwickelt werden, die als Antwort auf die Probleme der Industriegesellschaft gelten kann? – Lassen sich dabei auch Wege zu Gerechtigkeit und Frieden finden?

2 Gott

2.1 Worum geht es in der Frage nach Gott?

Der Bedeutungsverlust des Gottesglaubens: Naturwissenschaftliche Erkenntnisse

In der Neuzeit ergibt sich aus mehreren Ursachen ein weitgehender Wandel des Weltbilds:

- Die Erkenntnisse der Naturwissenschaft weiten sich beträchtlich aus. Daher können viele Erscheinungen, die vorher dem Eingreifen Gottes zugeschrieben wurden, natürlich erklärt werden (z. B. Gewitter, Bewegung der Gestirne, Wechsel der Jahreszeiten, Entstehung und Heilung von Krankheiten, Entstehung der Tier- und Pflanzenarten; Entstehung des Menschen).

Wandel des astronomischen Weltbilds

- Durch die Lehre des Kopernikus muß die Vorstellung aufgegeben werden, die Erde (und damit indirekt der Mensch) sei der Mittelpunkt des Universums. Damit geht ein anschauliches Vorstellungsmodell für den Kosmos verloren; mit dem alten Modell konnten auch der »Himmel« (oben) und die »Hölle« (unten) räumlich noch verknüpft werden.

Mensch als Gestalter der Welt

- In der modernen Zivilisation ist der Mensch weniger als in der Agrarkultur vom Wetter und den Jahreszeiten abhängig. Viel häufiger wirken Zusammenhänge in sein Leben hinein, die von Menschen selber verursacht wurden. Damit geht das Gefühl der Abhängigkeit von der Natur und damit indirekt das Gefühl der Abhängigkeit von Gott zurück; der Mensch versteht sich als autonom in seiner eigenen Lebenswelt.

Geschichtlichkeit der Glaubensvorstellung

- Durch diese Einsichten und durch die historischen Forschungen wurde einleuchtend, daß sich die Vorstellungen des Menschen von der Welt und auch die von Gott geschichtlich verändert haben.

Durch die Fülle dieser Bewußtseinsveränderungen verlor die Vorstellung von Gott an Bedeutung. Heute fragen sogar manche, ob etwas fehlen würde, wenn man auf den Begriff »Gott« ganz verzichten würde.

Situationen, in denen das Wort »Gott« verwendet wird

Gläubige verwenden das Wort »Gott«, wenn sie folgende Grunderfahrungen ausdrücken:

- Staunen und Erschrecken über den Reichtum und die Unverstehbarkeit der Welt (Welt als Geheimnis)

- Betroffenheit über den schicksalhaften Charakter des Lebens (Einmaligkeit, Grenzen, Unwiderrufbarkeit)
- Geborgenheit in der Welt und Hoffnung auf ein Ziel der Geschichte
- Das Vertrauen, daß trotz des Leidens ein letzter Sinn das Leben trägt
- Erfahrungen, die die Einstellung zum Leben grundlegend verändern
- Wahrnehmung der Welt als Raum schöpferischer Tätigkeit
- Verantwortung für die Gestaltung der Welt und die Zukunft der Menschheit
- Einsatz für Gerechtigkeit und menschlichere Gesellschaft
- Anspruch einer unbedingten moralischen Verpflichtung.

Glaube an Gott als Existenzerschließung

In diesen Situationen werden die Bedingungen der menschlichen Existenz bewußt. Erst im Horizont solcher Erfahrungen wird deutlich, was es heißt, als Mensch zu leben. Die grundlegenden Fragen des menschlichen Daseins können nicht durch wissenschaftliche Erkenntnis oder praktische Vereinbarung gelöst werden. Sie erfordern eine Glaubensentscheidung (→ 1.11).

In einer christlich geprägten Kultur wurden diese zentralen Fragen mit der Gottesvorstellung beantwortet. In unserer heutigen Situation haben sich die Antwortmöglichkeiten aufgefächert:

- Verbreitet ist die Auffassung, daß die grundlegenden Existenzfragen eine Überforderung des Menschen bedeuten. Da schlüssige Antworten nicht möglich sind, kann die Beschäftigung mit diesen Fragen unterbleiben.
- Ein Teil der Christen hält an der Vorstellung fest, daß Gott unmittelbar in die Welt und in ihr eigenes Leben eingreift.
- Ein anderer steht der traditionellen Vorstellung von Gott skeptisch gegenüber. Vertreter dieses Standpunkts sind zurückhaltend mit konkreten Aussagen über Gott (Gott ist...; Gott will...). Sie versuchen aber, traditionelle Vorstellungen von Gott mit neuen Inhalten zu füllen (Gott als Sinn des Lebens und der Geschichte; Gott als Grund der Hoffnung usw.).

2.2 Christliche Rede von Gott

Geschichtlichkeit der Gottesvorstellung

Der christliche Glaube an Gott vereinigt viele religionsgeschichtliche und philosophische Traditionen. Im Lauf der geschichtlichen Entwicklung hat er unterschiedliche Ausformungen angenommen; der Glaube an Gott entsprach damit immer wieder unterschiedlichen Grundbedürfnissen der Gläubigen (Verlangen nach Geborgenheit,

Ermutigung zu gesellschaftlichen Reformen etc.). Vereinfacht lassen sich folgende Akzentuierungen des Gottesglaubens unterscheiden:

Geschichtliche Akzentuierungen

Die alttestamentlich-jüdische Tradition: Gott als Bundespartner Israels – Schöpfer und Herr der Geschichte Israels – Ethische Instanz und Richter (→ 2.3; 6.4)

Das Gottesbild Jesu: Unmittelbares Vertrauensverhältnis zu Gott (»Vater«) – Dieses begründet radikale Nächstenliebe und eine situationsgerechte Auslegung des Gesetzes: Gott will das Heil eines jeden (→ 2.3)

Die frühkirchliche Tradition: Unter Berufung auf Jesus Christus und in Weiterführung prophetischer Traditionen wird aus dem Gott Israels der universale Gott für die ganze Menschheit. – Gott wird anschaulich in Jesus Christus, der als Sohn Gottes verehrt wird und als Richter der Welt erwartet wird. Der Geist Jesu Christi bleibt gegenwärtig im Heiligen Geist. Daraus entsteht als zentrales Symbol die Vorstellung von der Heiligen Dreifaltigkeit (→ 2.7)

Die scholastische Gottesvorstellung: Philosophische Traditionen der Antike werden mit der biblischen Gottesvorstellung verknüpft. – Gott als das Vollkommene schlechthin (summum bonum) teilt allen Geschöpfen von seiner Vollkommenheit mit. – Indem der Mensch das Gute und Vollkommene erstrebt, sucht er indirekt Gott (→ 2.4).

Mystische Zugänge zu Gott: Gott wird als das Geheimnis des Daseins bedacht und verehrt. Durch Versenkung in die eigene Person und durch Meditation der Welterfahrungen sollen Spuren Gottes entdeckt werden. So erschließt sich dem Gläubigen die grundlegende Einheit, in der er mit der Welt und Gott lebt.

Die Krise des Gottesglaubens in der Neuzeit: Das systematische Nachdenken über Gott droht in der Neuscholastik zu einem starren Lehrgebäude zu werden (besonders seit der zweiten Hälfte des 19. Jahrhunderts). – Gott scheint zu einem objektiven Gegenüber der Welt und des Menschen zu werden; die Theologie erweckt den Eindruck, als wisse sie über Gott und seine Eigenschaften Bescheid. – Diese Gottesvorstellung gerät in Konflikt zum neuzeitlichen Welt- und Menschenbild (→ 1.10; 2.5).

Heutige Tendenzen in der Gottesfrage: Die Krise des Gottesglaubens führte zur Wiederaufnahme biblischer Gottesvorstellungen. – Daraus ergibt sich auch eine stärkere Orientierung an Jesus Christus. – Gleichzeitig entsteht eine philosophisch geprägte Theologie; für sie erscheint Gott als Begründung menschlichen Daseins und als Ursprung der Frage nach dem Sinn des Lebens. – Zuletzt entstehen Neuansätze in der politischen Theologie: Gott, der Freiheit und Leben will, ermutigt zur Umgestaltung der gesellschaftlichen Verhältnisse (→ 2.6).

2.3 Biblische Gottesvorstellungen

Wie spricht die Bibel von Gott?

Die Bibel ist kein systematisches Lehrbuch. Sie enthält vielmehr Erzählungen, Lehrtexte und Bekenntnisse, Gebete und Gleichnisse, die in einem Zeitraum von mehr als 1000 Jahren entstanden sind (→ 6.3). So spiegelt die Bibel die fortwährende Auseinandersetzung Israels und der frühen Kirche mit der Gottesvorstellung. Die Vielfalt schicksalhafter Erfahrungen und die Vielfalt der Aussagen und Ausdrucksformen lassen aber kein abgerundetes Gottesbild der Bibel entstehen. Vielmehr entwickeln sich mehrere Gottesvorstellungen nebeneinander.

Viele biblische Erzählungen von Gott sind in einem Weltbild beheimatet, das wir als mythisch bezeichnen, d. h. das menschliche Leben und die Natur sind abhängig von mächtigen übermenschlichen Wesen, die unmittelbar in das Weltgeschehen eingreifen können (durch Wunder, Erscheinungen, Berufungen usw.). Wenn man heute biblische Erzählungen auslegt, muß man den Wandel im Weltbild beachten (→ 1.7; 6.8).

Grundlegende Gottesvorstellungen des Alten Testaments

1. Gott als Gegenüber des Menschen

Obwohl das AT die Macht Gottes immer wieder hervorhebt, bezeugen die Dialoge zwischen Gott und den Menschen den hohen Wert, den die Bibel dem Menschen zuspricht: Gott macht den Menschen zu seinem Bild in der Welt (Gen 1,26ff.), Gott beruft Menschen (z. B. Gen 12,1–9; Ex 2,23–4,17; Jer 1,4–10), Gott verspricht Menschen Rettung und Hilfe (z. B. Ex 3,7–12), er begründet und rechtfertigt sein Verhalten (Jer 7,21–28), Gott schließt Verträge (Bund) mit den Menschen und tritt damit in ein wechselseitiges Verpflichtungsverhältnis ein.

Für das Menschenbild der Bibel folgt daraus: Der Mensch ist nicht anonymen Mächten ausgeliefert, die mit schicksalhafter Notwendigkeit über ihn verfügen, sondern er handelt verantwortungsvoll gegenüber einem Gott, der seine Freiheit will und achtet.

2. Gott als Herr der Geschichte

Im Unterschied zu allen Naturreligionen und zur griechisch-römischen Religion deutet Israel seine Geschichte als Handeln Gottes. Die Befreiung aus Ägypten wird zum Symbol für den Anspruch auf Freiheit, der sich auf Gott berufen kann. Die nationalen Schicksalsschläge (Kriege, Fremdherrschaft, Tyrannei der eigenen Könige) werden als Gericht Gottes gedeutet. Von Gott erwartet Israel schließlich auch die endzeitliche Vollendung der Welt (→ 2.8).

Geschichte erhält dadurch eine neue Wertung: Sie wird zu einem sinngeprägten Prozeß, an dem der Mensch verantwortlich und gestaltend teilnimmt. – Hier liegt eine der Wirkungen für das moderne politische Bewußtsein: Der Mensch hat die Aufgabe, die gesellschaftlichen Verhältnisse und geschichtlichen Entwicklungen selbst zu gestalten.

3. Gott als ethische Instanz und Richter

Der Glaube an Gott konkretisiert sich für das AT in ethischen Forderungen; Beispiele: der Dekalog, die Sozialgesetze (Dtn 24 und Umkreis), die Sozialkritik der Propheten (→ 5.4). Auch das Neue Testament (Mt 25,31–46) macht das soziale Verhalten zum Maßstab des endgültigen Heils. – So wird das soziale Gewissen geschärft und der Zusammenhang von Gottesverehrung und sozialer Verpflichtung betont (Einheit von Gottes- und Nächstenliebe).

4. Gott als Schöpfer

Die Menschenfreundlichkeit Gottes wird erzählt in den Geschichten vom Paradies und der Schöpfung (Gen 2; Ps 104; Ps 136). Demnach lebt der Mensch in einer Welt, die ihm Geborgenheit gewährt, weil er sie als sinnvolle Ordnung erfahren kann. Gott hat dem Menschen einen Lebensraum gegeben und diesen seiner Sorge anvertraut.

Vom Gottesbild Jesu

Als Jude ist Jesus von der alttestamentlichen Gottesvorstellung geprägt. Er hat keine Theorie über Gott entwickelt, kennzeichnend für ihn ist vielmehr ein enges und bewußtes Verhältnis zu Gott, von dem er sich gesandt weiß.

Charakteristisch für die Beziehung Jesu zu Gott sind folgende Elemente:

- Gott ist ihm Vater (Anrede Jesu: Abba), der um das Wohl eines jeden Menschen besorgt ist.
- Dieser Gott achtet nicht auf die buchstabengetreue Erfüllung von Geboten; vielmehr sollen die Gesetze so angewendet werden, daß sie den Bedürfnissen der Menschen gerecht werden. Gerecht vor Gott ist damit nicht derjenige, der wortgetreu gesetzliche Vorschriften beachtet. Jesus erwartet vielmehr, daß man angesichts der Beziehung zum anderen Verantwortung wahrnimmt und situationsgerecht handelt. Das Vertrauen auf Gott ermutigt dazu.
- Da Gott am Wohl des Menschen interessiert ist, kann der Mensch sein Vertrauen in ihn setzen.
- Jesus rechnet mit der baldigen Umgestaltung der Welt durch Gott (→ 3.4). Auch deshalb verlieren Sorgen um Besitz, Ansehen und öffentliche Ordnung an Gewicht.
- Aus dem gewandelten Gesetzesverständnis und aus dem Vertrauen auf die Zukunft, die Gott stiftet, kann Jesus unbefangen mit Menschen umgehen.

2.4 Rationale Wege zu Gott

Der Gläubige erwirbt seine Vorstellung von Gott zumeist nicht durch Beweise oder vernünftige Argumente. Wichtiger sind religiöse Erzie-

hung oder die unmittelbare Überzeugungskraft einer Lebensform (Identifikation mit Gläubigen). In entscheidenden Situationen kann einem Menschen auch aufgehen, was der Glaube an Gott für ihn bedeutet (Bekehrung → 1.4; 1.5). Die Lebensgeschichte eines Menschen entscheidet damit über Zustimmung oder Kritik an einer bestimmten Glaubensüberzeugung. Dennoch besteht der Wunsch nach rationaler Vergewisserung des eigenen oder des fremden Glaubens.
Die Versuche, den Glauben an Gott verstandesmäßig zu begründen, entgehen aber nicht den Denkvoraussetzungen der jeweiligen Zeit; sie arbeiten mit den Denkmöglichkeiten und den Sehweisen der jeweiligen Epoche. Daher können rationale Rechtfertigungen des Glaubens in ihrer Entstehungszeit überzeugend wirken, aber im Lauf der Geschichte ihre Geltung einbüßen.

Folgende Argumentationsgänge gelten als die klassischen Wege zu Gott:

1. Das Argument des Anselm von Canterbury (1033–1109)

Für den Gläubigen ergibt sich schon aus der Idee Gottes, daß Gott existiert. – Wenn Gott nämlich »das Größte ist, was gedacht werden kann«, muß er existieren, weil ein Wesen, das zwar als höchstes gedacht wird, aber nicht existiert, nicht das größte sein kann, das gedacht wird. Denn ein höchstes Wesen, das existiert, bedeutet qualitativ mehr als ein bloß gedachtes Wesen. Somit ist in der Idee Gottes notwendig seine Existenz mitgedacht.
Kritik: Die Denkvoraussetzung dieses Gottesbeweises ist die Einheit von Erkenntnis und Wirklichkeit: Was der Mensch durch Sinneseinflüsse und Reflexion erkennt, stimmt mit der objektiven Wirklichkeit überein. Sobald in der Geistesgeschichte diese Einheit von Erkenntnis und Wirklichkeit bestritten wird (z. B. Kant: Kritik der reinen Vernunft), verliert der Beweisgang an Überzeugungskraft.

2. Die Beweisführung des Thomas von Aquin (ca. 1225–1275)

Nach dem philosophisch begründeten Glauben des Thomas sind Gott und Welt sich ähnlich und zugleich qualitativ verschieden. Daher kann man von der Welt auf Gott schließen:
- Alle Erscheinungen in der Welt gehen auf eine Entstehungsursache zurück. – Wenn man nun die Ursachenkette zurückverfolgt, muß am Anfang ein Urheber der Welt stehen, der nicht auf eine Ursache außer ihm selbst zurückgeführt werden kann.
- Alle positiven Qualitäten (Schönheit, Gutes, Wahrheit . . .) gibt es in der Wirklichkeit nur in unvollkommener Form. Ihr Dasein aber in reiner Form ist denknotwendig, weil der Mensch sonst keine Vorstellung von jener Vollkommenheit haben könnte. Insofern ist Gott als Träger alles Vollkommenen notwendig.
- Die Zweckmäßigkeit vieler Erscheinungen in der Welt beweist, daß es einen vernunftbegabten Schöpfer geben muß.

Auf diese Weise schließt Thomas aus der sinnlich und verstandesmäßig erfahrenen Welt auf die Existenz Gottes.

Kritik: Thomas geht von einer Welt aus, die letztlich von Gott geordnet und deren Ordnung mit der Vernunft durchschaut wird. Sobald die »Ordnung« der Welt als Ergebnis von Evolution und Selektion erklärt werden kann und sobald eine skeptische Grundhaltung bestimmend wird, verliert der Denkansatz des Thomas an Plausibilität.

3. »Gott als Postulat der praktischen Vernunft«. I. Kant (1724–1804)

Nach Kant gibt es absolute sittliche Verpflichtungen. Faktisch verstoßen aber viele Menschen gegen sittliche Normen. Das Bewußtsein einer absoluten sittlichen Verpflichtung kann sich also nicht aus der Beobachtung des tatsächlichen Lebens herleiten. Vielmehr muß es ein im Menschen innewohnendes Gesetz geben, das ihm sagt, was gut und was schlecht ist. Die innere Begründung für dieses sittliche Gesetz liegt in Gott. – Wenn die Einhaltung der Norm zudem nicht in das Belieben des einzelnen gestellt sein soll, muß es einen Gott geben, der der absolute Garant der sittlichen Wertordnung ist.

Kritik: Das Argument Kants büßt an Überzeugungskraft ein, wenn man die ethischen Normen als Teil gesellschaftlicher Übereinkunft versteht. Dann werden sittliche Überzeugungen geschichtlich erklärbar und relativiert. Sie verlieren den Charakter einer absoluten Verpflichtung.

4. Gott als Sinnpostulat (nach Bernhard Welte, 1906–1983)

Die traditionellen Gottesbeweise sind durch die geistesgeschichtliche Entwicklung teilweise außer Kraft gesetzt worden. Dennoch besteht weiterhin die Notwendigkeit, den Glauben an Gott auch rational zu rechtfertigen. Als beispielhaft für zeitgenössische Zugänge kann der Gedankengang von *Bernhard Welte* gelten.

Ausgangspunkt ist die unbestreitbare Tatsache des Daseins: Unabhängig von weltanschaulichen Vorgaben steht der Mensch vor der Aufgabe, ein individuelles Leben zu gestalten und die größtmögliche Erfüllung dieses Lebens anzustreben. Zugleich weiß jeder, daß er einmal nicht da war und künftig nicht mehr sein wird. Das Wissen um das Nicht-Dasein ragt damit in das Leben hinein. Das Dasein ist vom Nichts umgriffen.

Wer diese Verklammerung von Existenz (Dasein) und Nichts (Nicht-Dasein) bedenkt, stößt auf zwei Möglichkeiten:

Da alles Dasein – durch den Tod – im Nichts mündet, könnte es sein, daß das Nichts den Sinn des Daseins widerruft. Es ist aber auch möglich, daß hinter dem scheinbaren Nichts ein letzter Sinngrund sich verbirgt. Dann wäre der Mensch über den Tod hinaus geborgen in einem universalen Sinnhorizont. Mit objektiver Gewißheit kann nicht entschieden werden, welche dieser beiden Möglichkeiten zutrifft.

Diese der Vernunft unlösbare Aufgabe muß im praktischen Verhalten aber entschieden werden. Angesichts des Leidens, der Ungerechtigkeit und des Unfriedens kann der Mensch nicht neutral bleiben, sondern muß handelnd Partei ergreifen. Indem er dabei eine moralische Grundentscheidung vollzieht, entscheidet er sich indirekt auch gegen die Auffassung der universalen Sinnlosigkeit. Wer in einem konkreten Fall gegen Ungerechtigkeit und Lieblosigkeit kämpft, geht unausgesprochen davon aus, daß Liebe und Gerechtigkeit Werte sind, die nicht zunichte gemacht werden dürfen durch eine alles umfassende Sinnlosigkeit. Damit zeigt sich in der Parteinahme für das Gute die Hoffnung auf eine Sinnhaftigkeit, die für den Christen in Gott begründet ist.

2.5 Grundpositionen in der Gottesfrage

Die Gottesvorstellung hat im Abendland eine wechselvolle Geschichte und ist in der Neuzeit häufig Gegenstand von Auseinandersetzungen gewesen. Man kann in der neuzeitlichen Geistesgeschichte eine schrittweise Distanzierung vom christlichen Gottesverständnis feststellen.

Jede der folgenden Positionen steht in einem Begründungszusammenhang. Wenn versucht wird, die verschiedenen Standpunkte in einer kurzen These zusammenzufassen, gehen notwendig diese geistesgeschichtlichen Verflechtungen verloren.

Theistische Positionen

Gott existiert als weltüberlegene Kraft und wirkt auf das menschliche Leben und auf die Geschichte der Menschheit ein. In diesem Sinn glaubt das Christentum an einen persönlichen, weltüberlegenen Gott.

Pantheistische Positionen

Gott und die Welt sind identisch. In der Natur und im menschlichen Schicksal wirkt Gott. Die Welt ist das Gewebe der Gottheit, und Gott ist die Struktur der Welt. (Diese Auffassung spiegelt sich z. B. in einem Teil der Schriften Goethes.)

Deistische Positionen

Es gibt einen Gott, der die Welt erschaffen hat; aber auf das Leben des Menschen und die menschliche Geschichte wirkt sich die Existenz Gottes nicht aus. (Mehrfach vertreten in der englischen und französischen Aufklärung, z. B. von Locke und Voltaire.)

Atheistische Positionen

Es gibt keinen Gott. Der Glaube an Gott ist eine Erfindung des Menschen. Der aufgeklärte und autonome Mensch befreit sich von einer Illusion, indem er den Gottesglauben ablegt und sich nur noch auf seine Vernunft beruft (→ 1.10).

– *Materialistischer Atheismus* (Feuerbach)

Es gibt nur die diesseitige Welt. Im Glauben an Gott formuliert der Mensch seine eigenen Ideale. Die Abhängigkeit von einem jenseitigen Gott kann der Mensch daher getrost aufgeben. Der Glaube an Gott war aber nicht unsinnig und vergeblich; alle Vollkommenheit und alle guten Eigenschaften Gottes sollen als Ideale des menschlichen Geistes wirksam bleiben.

– *Marxistisch-materialistischer Atheismus*

Die Materie und ihre Gesetzmäßigkeiten reichen aus zur Erklärung der Welt und des Menschen. Der Glaube an Gott dient dazu, Herrschaftsverhältnisse zu rechtfertigen. Gott wird als König und Herr gedacht, um die Herrschaft der Mächtigen zu stabilisieren. Für die Unterdrückten wird der Gottesglaube zum Trost, der über die Leiden hinweghelfen soll. Mit der Befreiung der Unterdrückten (kommunistische Revolution) wird der Gottesglaube von selbst hinfällig.

– *Psychoanalytischer Atheismus* (Freud)

Gott ist eine Projektion des Menschen. Als Vaterfigur erweckt er die Illusion der Geborgenheit und verlangt zugleich die Einhaltung moralischer Forderungen. Indem der Mensch sich von kindlichen Abhängigkeiten und Weltbildern befreit, löst sich die Gottesvorstellung auf, und der Mensch kann eigenverantwortlich handeln.

– *Existentialistischer Atheismus* (Sartre)

Mit dem Glauben an Gott wird der Mensch in einen Rahmen eingespannt, der ihn daran hindert, sich voll zu entfalten. Erst die Überzeugung, daß es keinen Gott gibt, macht den Menschen frei, sich selbst zu wählen und zu verantworten.

Agnostische Positionen

Der menschlichen Erkenntnis sind nur Aussagen über die (physikalische) Welt und über die Geschichte des Menschen möglich. Ob es einen Gott gibt oder nicht, kann man nicht erkennen und entscheiden. Die Frage nach Gott ist daher sinnlos. Alle Deutungen des Lebens und alle Handlungsentwürfe müssen innerweltlich gewonnen und begründet werden. Diese Auffassung wird in der jüngsten Zeit auch von Anhängern des Neopositivismus vertreten.

2.6 Theologische Modelle

Über Gott kann man nur schweigen! – so lautet die Einsicht vieler, die als religiöse Lehrer wirkten. In Gott begegnet der Mensch dem letzten Geheimnis seines Daseins. Er kann nur verstummen und antworten in Gebet, schweigender Verehrung, Meditation und Versenkung, im Lobpreis des Gottesdienstes. Die andere Form der Antwort ist ein vom Glauben durchdrungenes Leben: Die Lebensform der Mönche und Asketen, aber auch die tätige Nächstenliebe könnten in diesem Sinn Formen der Gottesverehrung sein.

Die Kirche als Glaubensgemeinschaft lebt vor allem von diesem »wortlosen« Glauben. Dennoch bedarf die Kirche als Kommunikationsgemeinschaft auch der Verständigung über ihren Glauben an Gott. Sich und anderen muß die Kirche erklären können, was der Glaube an Gott inhaltlich meint und wie er sich einfügt in das Verständnis der Welt und die Deutung des Lebens. Diese Arbeit leistet vor allem die Theologie, und sie bedient sich dabei auch philosophischer Denkmodelle, die ein begrifflich klares und verstandesmäßig verantwortetes Reden von Gott ermöglichen. In der Geschichte der christlichen Theologie sind vor allem folgende Denkansätze wirksam geworden:

Natürliche Theologie

Der Mensch lebt in einer gottdurchwirkten Welt. Ordnung und Schönheit der Welt sind unmittelbare Spuren Gottes. Anschauung, Erkenntnis und Deutung der Natur erschließen damit zugleich das Wesen Gottes. – Ausgehend vom Schöpfungsglauben hat vor allem die Theologie der Aufklärung diesen Standpunkt entfaltet.

Die Seinstheologie

Gott kann zwar an seinen Spuren in der Schöpfung erkannt werden (Analogie zwischen Gott und der Welt), aber er ist qualitativ der Welt überlegen (transzendent). Gott ist nämlich kein Gegenstand der Wirklichkeit wie die anderen, sondern er ist das Sein schlechthin, dem alle Erscheinungen ihre Existenz verdanken. Daher ist er ungleich größer und vollkommener als die Welt – er ist das »höchste Gut« (summum bonum). – In der Seinstheologie verbindet die Scholastik das philosophische Weltbild des Aristoteles mit biblischen Traditionen: Schöpfungsglaube, Glaube an Erlösung und Vollendung der Welt (→ 2.4).

Negative Theologie

Die Gewißheit, die natürliche Theologie und Seinstheologie vermitteln, widerspricht dem Wesen Gottes: Gott ist der ganz andere. Nicht in den Erscheinungen der Welt und nicht in Bildern und Vergleichen kann der Mensch ihn erfassen. Er kann immer nur sagen, daß Gott all dies nicht ist – und dadurch den Raum freihalten, in dem Gott gedacht und erfahren werden kann. Durch die Nicht-Festlegung wird positiv ausgesagt, daß Gott sich als Geheimnis grundsätzlich von allen Erscheinungen unterscheidet. – Ein erster Gewinn der negativen Theologie liegt darin, daß die Vergöttlichung von Werten oder Einrichtungen abgewiesen wird (gegen Ideologien und Herrscheransprüche). – Der Glaube an Gott ist zudem niemals Besitz, sondern ein unabschließbarer Suchprozeß, der sensibel macht für menschliches Schicksal und das Geheimnis des Lebens.

Dialektische Theologie (K. Barth)

Gott ist mit den Mitteln der Vernunft völlig unerreichbar; nicht durch die Natur, nicht durch Vernunfteinsicht und auch nicht durch Glaubensvorstellungen oder Gottesdienst gelangt der Mensch zu Gott. Nur weil Gott selbst sich offenbart (in der Bibel und vor allem in der Gestalt Christi) und weil er sich den Menschen zuwendet (in Gnade und Erlösung), kann der Mensch sich auf Gott ausrichten. Alles

Sprechen über Gott aber bleibt unangemessen. Zwischen Gott und dem Menschen liegt ein tiefer Graben, und dieser wird nur überwunden im – unbegründeten – Sprung in den Glauben.

Existentiale Theologie

Nachdem in der Neuzeit ein sicheres Weltbild und anerkannte Ordnungen weithin verloren gegangen sind, wird der Mensch auf sich selbst zurückgeworfen. In der Analyse seiner Situation stößt er auf die Erfahrung des Nichts, d. h. auf die Erfahrung, daß das Dasein selbst die einzige Gewißheit ist, die er hat – demgegenüber erweisen sich alle anderen Erfahrungen als zufällig und geschichtlich begrenzt. Die Ungesichertheit des Daseins erzwingt aber geradezu eine Grundentscheidung: Wenn der Mensch sich entschließt, dennoch verantwortlich zu leben und zu handeln, kann er das nur, weil er trotz aller Unsicherheit einen letzten Grund für sein Dasein erhofft (Gott als Postulat der Existenz). – Das so entworfene Gottesbild bleibt zunächst sehr unanschaulich und allgemein. Es bildet aber eine rational verantwortete Voraussetzung für die Wiederaufnahme biblischer Gottesvorstellungen (vgl. Gott als Sinnpostulat → 2.4).

Politische Theologie

Sinn des Glaubens an Gott ist nicht das Heil des einzelnen im Jenseits, sondern der Kampf für eine menschenwürdige Gesellschaft. Der Gott, der Freiheit und Leben gibt (Exodus), verlangt von Christen auch heute den Einsatz für Gerechtigkeit, Freiheit und Frieden. Die politische Theologie beruft sich dabei auf die Botschaft der Propheten, auf das Leben und die Passion Jesu; auch die Reich-Gottes-Botschaft und die Hoffnung auf endzeitliches Heil wirken als Ansporn für den politischen Einsatz (→ 3.4; 2.8).

2.7 Trinität (Dreifaltigkeit)

Trinität als Mysterium

Wer versucht, im Ansatz zu verstehen, was Dreifaltigkeit bedeutet, fragt nach einem schwer zugänglichen Zentrum des christlichen Glaubens. Die Kirche selbst bezeichnet die Lehre von der Trinität als Geheimnis, das sich nicht als selbstverständliche Einsicht der Vernunft darstellen läßt. Der Gläubige wird weniger durch Reflexion als durch meditatives Sich-Versenken dem Glaubensgeheimnis nahekommen.

Griechisches und jüdisches Denken (3.–6. Jhdt)

Bei der Aufgabe, griechisches und jüdisches Denken in der Theologie zu verbinden (→ 3.6), hat die alte Kirche nach und nach die Trinitätslehre entfaltet. Dabei entwickelte sich folgendes Glaubensbekenntnis:

»Wir glauben an den einen Gott, den Vater, den allmächtigen,
der alles geschaffen hat, Himmel und Erde,
die sichtbare und die unsichtbare Welt.

Und an den einen Herrn Jesus Christus,
Gottes eingeborenen Sohn,
aus dem Vater geboren vor aller Zeit:
Gott von Gott, Licht vom Licht, wahrer Gott vom wahren Gott,
gezeugt, nicht geschaffen, eines Wesens mit dem Vater; ...
Wir glauben an den Heiligen Geist,
der Herr ist und lebendig macht,
der aus dem Vater und dem Sohn hervorgeht,
der mit dem Vater und dem Sohn
angebetet und verherrlicht wird,
der gesprochen hat durch die Propheten.«

Monotheismus und Gottessohnschaft Christi

Mit diesen Aussagen will die frühe Kirche den Monotheismus des Judentums bewahren. Zugleich will sie die Göttlichkeit Christi bekennen und die Gegenwart des Geistes Gottes in der Geschichte aussagen.

Die sprachlichen Ausdrucksformen, die der Glaube an die Dreifaltigkeit damals gefunden hat, gehören einem philosophischen Denken an, das der Gegenwart fremd geworden ist.

Trinität als Gotteserfahrung

Vielleicht liegt die Anregungskraft der Trinitätslehre darin, daß sie die Möglichkeiten der Gotteserfahrung vermehrt:

- Gott wird wahrgenommen als Schöpfer und Sinngrund der Welt.
- Durch Jesus Christus wird anschaulich, wie in der Liebe zu anderen und im Scheitern Gott als Mensch erfahren wird.
- Im Glauben an den Heiligen Geist vertraut die Kirche darauf, daß Gott in ihrer Geschichte weiterwirkt.

So wird Gott nicht als in sich geschlossenes Wesen der Welt gegenübergestellt. Vielmehr bekennen Christen, daß in Gott Beziehungen lebendig sind, die ihn notwendig mit der Geschichte der Menschheit verbinden.

2.8 Vollendung der Welt (Eschatologie)

Vorstellungen vom Ende der Zeit

Viele Religionen gehen davon aus, daß die Geschichte kein sinnloses Geschehen ist, sondern ein Ziel findet. In der biblisch-christlichen Überlieferung entwickeln sich Bilder, die die Hoffnung auf Vollendung der Welt ausdrücken. Die wichtigsten Vorstellungen dieser Art:

a) die Auferstehung der Toten,
b) das Weltgericht,
c) die Errichtung einer neuen Welt (»das himmlische Jerusalem«),
d) Himmel und Hölle.

In der Glaubenslehre werden diese Vorstellungen in einen zeitlich-systematischen Zusammenhang gebracht. In ihm werden die Zukunft des einzelnen Menschen *(individuelle Eschatologie)* und die Zukunft der Welt *(universale Eschatologie)* verknüpft. Vereinfacht ergibt sich daraus folgende Aussagenreihe:

1. Im Augenblick des Todes trennt sich die Seele vom Leib.
2. Die Seele tritt vor Gott; Gott richtet im »persönlichen Gericht« den Menschen. Maßgebend für das göttliche Urteil ist die Lebensbilanz des Verstorbenen, insbesondere aber sein Glaube und sein Handeln unmittelbar vor dem Tod.
3. Die Seelen der schwer Schuldigen werden in die Verdammnis (Hölle) gestoßen. Dort sind sie den Qualen und Folterungen der Teufel ausgeliefert; insbesondere aber leiden sie unter der Gottesferne.
4. Wer in vollkommener Güte und im rechten Glauben verstorben ist, gelangt unmittelbar zur »Anschauung Gottes« – im Himmel nimmt er teil am Glück der Engel und der seligen Geister.
5. Am Ende der Zeiten findet ein großes »allgemeines Gericht« statt, daran nimmt die ganze Menschheit teil, auch diejenigen Menschen, die am Tage des Weltuntergangs noch leben. Beim allgemeinen (End-)Gericht werden die Leiber der Verstorbenen wieder mit der Seele vereinigt. Die endgültige »Auferstehung des Fleisches« ist da.
6. Bei diesem Weltgericht – dem »Jüngsten Tag« – führt Gott die Menschheit zu einer großen Gemeinschaft zusammen. Gott stellt endgültig die Herrlichkeit der Erlösten (den »Neuen Himmel«, vgl. Offb 21) her und verstößt endgültig die Verdammten. Die gesamte Schöpfung wird umgewandelt in ein vollkommenes Werk Gottes.

Auslegung

Diese Vorstellungswelt ergab sich aus Hoffnungsbildern der Bibel und aus Ideen der griechisch-mittelalterlichen Philosophie.

Wie andere Glaubensaussagen auch bedürfen die eschatologischen Vorstellungen der Interpretation. Vereinfacht kann man drei typische Auslegungen unterscheiden:

a) Die Tradition – vor allem des Volksglaubens – versteht die Aussagen als *prophetische Darstellung künftiger Ereignisse*.

Heutige Theologen betonen den *Bildcharakter* der eschatologischen Vorstellungen.

b) Für einige Theologen vollziehen sich die »endzeitlichen Ereignisse« im Leben eines jeden Menschen: *Im Leben* selbst wird der »Himmel« des Glücks, die »Hölle« der Einsamkeit, das »Gericht« über die Schuld erfahren. In der Nachfolge Christi wird erlebt, was »Auferstehung« bedeutet. Solche Deutung verändert die Wahrnehmung und Lebensführung, indem das Leben auf christlichen Glauben hin orientiert wird (→ 6.7 und 6.8).

c) Andere Theologen gehen davon aus, daß solche Existenzerfahrungen mit Recht als christliche Erfahrungen gelten, daß sie aber in den eschatologischen Aussagen überschritten werden. Über das Leben des einzelnen hinaus ist die Zukunft der Welt im ganzen aufgehoben in Gott. Dieses endgültige Schicksal der Welt und der Geschichte wird in eschatologischen Bildern ausgesagt.

2.9 Möglichkeiten der Gotteserfahrung

Eingrenzung

Wenn Christen sagen »Ich glaube an Gott«, kann dieser Satz recht verschiedene Bedeutungen haben. Die Vorstellung von Gott ändert sich im Lauf des Lebens; sie erhält auch in der Geistes- und Frömmigkeitsgeschichte unterschiedliche Akzente. Der einzelne Gläubige übernimmt auch nicht die Summe der Glaubenslehren über Gott, sondern er eignet sich jene Ausprägungen des Gottesglaubens an, die für sein Leben Bedeutung gewinnen.

Was im einzelnen als Gotteserfahrung bezeichnet wird, hängt somit ab von religiöser Sozialisation und von den Deutungsmustern, mit denen ein Mensch lebt. Unter diesen Einschränkungen können vielleicht folgende Gotteserfahrungen genannt werden:

Gotteserfahrung in Kirche und Frömmigkeit

- In Gebet und Schriftmeditation erfahren Gläubige vielfach Zuspruch, Klärung ihrer Lebenssituation und Begegnung mit Gott, der ihrem Leben Sinn und Richtung verleiht.
- Im Gottesdienst der Gemeinde und in den Sakramenten ist für Christen der kirchliche Ort, an dem sie Prägung durch Gott und Hineinnahme in die Gemeinschaft der Kirche erfahren.

Gotteserfahrung als Erfahrung von Betroffenheit

Versteht man Gotteserfahrung im Sinne von Paul Tillich als Dimension der Betroffenheit im Leben, so können darüber hinaus folgende Situationen als Gotteserfahrung gelten:

- Das Erlebnis, bedingungslos geliebt zu werden, kann der Christ als Erfahrung von Gnade deuten.
- Das Bewußtsein, eine Aufgabe zu haben, für andere verantwortlich zu sein, kann als Berufung durch Gott erlebt werden.
- Wer auch in Krisensituationen Vertrauen in die Zukunft behält, kann diese Hoffnung als Erfahrung Gottes verstehen.
- Den Einsatz für Frieden und Gerechtigkeit können Christen als Verwirklichung des göttlichen Heilswillens auslegen.

Entscheidung der Ambivalenz

In diesen Erfahrungen und Situationen wirkt die Berufung auf Gott als Grundentscheidung. An die Stelle der Resignation oder der Gleichgültigkeit tritt eine positive Ausrichtung des Lebens. Der Glaube an Gott wirkt sich dabei als Begründung des eigenen Lebensentwurfs und des politischen Handelns aus (→ 1.5).

3 Jesus Christus

3.1 Von der Faszination Jesu Christi

»In der Geschichte der abendländischen Menschheit hat keine Erscheinung solche Macht über die Herzen der Menschen ausgeübt wie dieser Jesus Christus, den man als Menschen kennenlernte und in dessen Gegenwart man übermenschliche, göttliche Wirklichkeit erfuhr.« (Josef Blank)

Fragestellungen:

Nach Jesus aus Nazaret kann man aus unterschiedlichen Interessen fragen:

Historische und geistesgeschichtliche

- Zunächst kann man prüfen, in welcher Umwelt Jesus gelebt hat und welche Stellung er in der Kultur der Antike einnimmt. (→ 3.2, 3.6)

Wirkungsgeschichtliche

- Wichtiger noch ist die Frage, wie sich die Tradition Jesu ausgewirkt hat auf Wertvorstellungen und Lebensformen in unserem Kulturkreis.

Für Gläubige bzw. für die Kirche ergeben sich darüber hinaus folgende Fragen:

Soteriologische

- Was bedeutet die Gestalt Christi für das Heil der Menschen? (→ 3.8)

Theologische

- Wie wirkt sich der Glaube an Jesus Christus aus auf die Vorstellungen von Gott und auf die Verehrung Gottes? (→ 2.3)

Ekklesiologische

- Entspricht die Kirche den Intentionen Jesu oder wie müßte sie sich ändern, um Jesus aus Nazaret gerecht zu werden? (→ 4.4)

Ethische und spirituelle

- Was bedeutet der Glaube an Christus für das Leben des Christen, für sein Beten und die Gottesverehrung in der Gemeinde? (→ 4.2, 5.5, 5.6)

Unabhängig von der Zugehörigkeit zu einer christlichen Kirche sind viele fasziniert von der Gestalt Jesu: Er zählte zu den vorbildhaften Menschen, die neue Wege des Lebens gezeigt und gelebt haben. Die Bedürfnislosigkeit Jesu macht nachdenklich, ebenso seine Aufforderung, die Feinde zu lieben. Und immer wieder staunen Menschen darüber, wie tiefgründig die einfachen Erzählungen sind, die auf Jesus zurückgehen: das Gleichnis vom verlorenen Sohn oder die

Beispielerzählung vom Barmherzigen Samariter. – Und vor allem drückt das Bild des Gekreuzigten stets neu Klage und Hoffnung derer aus, die ungerecht leiden.

3.2 Der äußere Verlauf des Lebens Jesu

Quellenlage

Eine exakte Darstellung des Lebens Jesu im Sinne moderner Geschichtsschreibung ist nicht möglich. Die wichtigsten Quellen – die Evangelien – sind keine Biographien, sondern Glaubensdarstellungen (→ 6.3); sie enthalten Legenden, Wundererzählungen und Deutungen Christi aus der Perspektive der Gläubigen. – Durch Kombination und Auslegung verschiedener Angaben läßt sich jedoch folgender Verlauf des Lebens Jesu erschließen:

Geburt und Herkunft

- Jesus wurde ca. 6–4 v. Chr. in Palästina geboren, vermutlich in Nazaret. – Der Name »Jesus« bedeutet »Gott hilft«.
- Seine Eltern hießen Josef und Maria und wohnten in Nazaret.
- Josef war Handwerker; er führte die Holzarbeiten beim Hausbau aus, ähnlich wie der Zimmermann bei uns. Wahrscheinlich hat Jesus von seinem Vater diesen Beruf erlernt.
- Um das Jahr 28 schloß Jesus sich Johannes dem Täufer an. Johannes war ein Volksprediger; er kündigte das baldige Ende der Welt an und rief seine Zuhörer zu Buße und zu persönlicher Umkehr auf. Von Johannes ließ Jesus sich im Jordan taufen.

Öffentliches Wirken

- Nachdem Jesus sich von Johannes getrennt hatte, trat er öffentlich als Wanderprediger in Galiläa auf.
- Er verkündete: »Die Herrschaft Gottes ist angebrochen. Ändert eure Einstellung!« (→ 3.4)
- Grundlegend für Jesus ist sein vertrauensvolles Verhältnis zu Gott; er glaubt, daß Gott sich wie ein guter Vater jedem Menschen zuwendet. (→ 2.3)
- Als Zeichen der Nähe Gottes heilte Jesus Kranke. Er hielt Mahlgemeinschaft mit Menschen, die von rechtgläubigen Juden verachtet wurden. Dieses Verhalten begründete er so: Es ist der Wille Gottes, daß alle Kinder Israels teilhaben an der Herrschaft Gottes. Niemand soll aus der Gemeinde ausgeschlossen sein.
- Jesus fragte nach der Begründung für religiöse Vorschriften: Gebote, die den Menschen unnötige Lasten auferlegen, widersprechen nach seiner Meinung dem Willen Gottes.
- Besonders radikal wirken bis heute die Forderungen Jesu, auf allen Reichtum zu verzichten und sogar seine Feinde zu lieben. (→ 5.5)

- Die Überzeugungskraft Jesu erwächst daraus, daß er selbst nach seinen Grundsätzen gelebt hat.
- Das Verhalten Jesu und seine Lehre stießen in einflußreichen Kreisen der jüdischen Priesterschaft auf Widerstand.

Tod

- Um das Jahr 30 wird Jesus durch jüdische Behörden festgenommen und mit Hilfe des römischen Statthalters Pilatus zum Tod verurteilt. In Jerusalem wird er am Kreuz hingerichtet.

3.3 Der historische Jesus und der Christus des Glaubens

Das Problem

Von Anfang an verehrt die Kirche Jesus Christus. Sie verehrt ihn als Erlöser und Sohn Gottes. Für das gläubige Bewußtsein war für lange Zeit die Verehrung Christi problemlos verschmolzen mit der Gestalt des Jesus aus Nazaret, von dem die Evangelien erzählen.

Erst in der Neuzeit wird diese Einheit zum Problem: Man nimmt wahr, daß die Kirche Aussagen über Christus macht, die die biblischen Grundlagen überschreiten. Man möchte sich deshalb vergewissern, wer Jesus tatsächlich war, unter welchen Umständen er gelebt hat und was er lehrte. Der spätere Glaube der Kirche kann dann als Auslegung der Gestalt Christi von dem Leben Jesu unterschieden werden.

Als Teilergebnis dieser langen Forschungsarbeit hat sich die Unterscheidung zwischen dem historischen Jesus und dem Christus des Glaubens bewährt.

Historischer Jesus

Unter dem *historischen Jesus* versteht man

- die Gestalt des Jesus aus Nazaret und
- die Inhalte seiner Verkündigung, soweit sie mit den Methoden der historischen Forschung ermittelt werden können. (Leitfrage: Was kann nach heutigem Erkenntnisstand zuverlässig über Leben und Lehre Jesu gesagt werden?)

Christus des Glaubens

Unter dem *Christus des Glaubens* versteht man demgegenüber die Interpretation Jesu durch die Gläubigen bzw. durch die Kirche. (Leitfrage: Was bedeutet Jesus Christus für den Gläubigen bzw. für eine Gruppe von Christen?)

Zeitbedingte Christusbilder

Diese Interpretation (Auslegung) ist ein Akt religiösen Verstehens (→ 6.7): Die Gläubigen fragen, was Christus angesichts ihrer Situation bedeutet. Diese Aneignung der Christusüberlieferung unterliegt den Bedingungen der jeweiligen Zeit. Angesichts bestimmter Lebensverhältnisse, angesichts der Hoffnungen und Ängste der jeweiligen

Gegenwart wird gefragt, welcher Anspruch von der Gestalt Christi ausgeht. Es durchdringen sich dabei die Vorstellungen einer Zeit und die Überlieferungen von Jesus Christus. Insofern gibt es viele Christusbilder, und auch die heutige Zeit entwickelt das Bild vom »Christus des Glaubens« weiter. – Historisch beginnt dieser Prozeß mit dem Tod Jesu, und er läßt sich deutlich schon im Neuen Testament nachweisen. Schon dort wird die Gestalt Jesu neu ausgelegt und angesichts der Erfahrungen der frühen Gemeinden gedeutet (→ 3.6).

3.4 Die Vorstellung vom Reich Gottes

Reich Gottes im AT

Jesus übernimmt die Vorstellung vom Reich Gottes (richtiger: von der Königsherrschaft Gottes) aus der jüdischen Tradition. In der vorchristlichen Geschichte Israels haben sich aber schon unterschiedliche Deutungen der Herrschaft Gottes herausgebildet:
- Gott herrscht als Schöpfer über die Welt.
- Gott herrscht durch Gesetz und Kult über das Volk Israel.
- Nach dem Exil gewinnt die Vorstellung von der »Herrschaft Jahwes« futurische Bedeutung: Gott wird das Reich Israel wiederherstellen und an Stelle des Königs herrschen.

Als Jesus lebte, nahmen viele Juden an, daß das Ende der Welt unmittelbar bevorstehe. Im einzelnen glaubten sie: Bald wird es ein Weltgericht geben, den »Tag Jahwes«. Dann wird Gott die Menschen für ihre Verbrechen und Sünden bestrafen, und er wird ein neues »Reich Gottes« errichten, in dem die Grundsätze der Gerechtigkeit und der Verehrung Gottes gelebt werden (apokalyptische Erwartung). Nur durch die reinigende Katastrophe des Weltgerichts konnte nach dieser Vorstellung das vollkommene »Reich Gottes« entstehen:

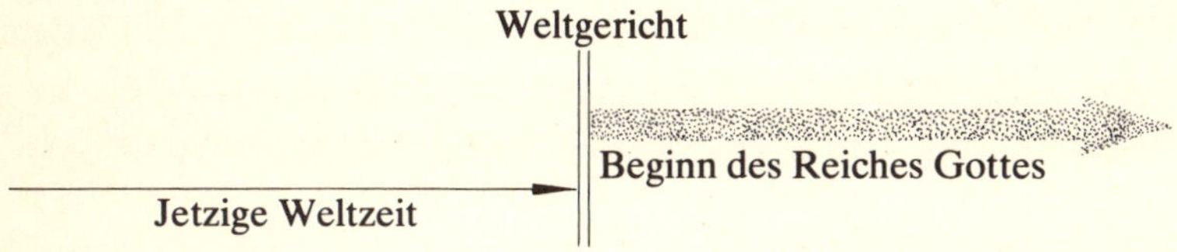

Im Ansatz übernimmt Jesus diese Auffassung vom Reich Gottes; er gibt ihr jedoch einen anderen Akzent: Das Reich Gottes durchdringt schon die gegenwärtige Wirklichkeit. Es ist angebrochen, aber noch nicht vollendet. Trotzdem wirkt es hinein in das menschliche Leben.

In dieser Vorstellung durchdringen sich Utopie und Lebenswirklichkeit. Daher werden folgende polare Aussagen verständlich:
a) Das Reich Gottes ist eine zukünftige Größe und zugleich gegenwärtig. Es ist verborgen und anfanghaft schon da – es steht in der Vollendung aber noch aus.
b) Das Reich Gottes ist Ergebnis einer freien Tat Gottes – zugleich leistet der Mensch in seinen Aktivitäten einen wesentlichen Beitrag zur Realisierung der Gottesherrschaft.
c) Entsprechend soll der Mensch Einsatz und Anstrengungen für das Reich Gottes auf sich nehmen – zugleich wird er eingeladen, ohne Tätigkeit und ohne Sorge das Kommen des Reiches Gottes zu erwarten.
d) Das Reich Gottes vollzieht sich im einzelnen Menschen und verändert ihn – zugleich betrifft es die Vollendung der Geschichte und des Kosmos.

Fehlinterpretationen

Diese Gegenüberstellungen zeigen, daß mit dem Reich Gottes keine politische Größe gemeint ist. Auch die Kirche kann nicht als Verwirklichung des Reiches Gottes gelten. Dennoch bezieht sich die Vorstellung vom »Reich Gottes« auf konkrete geschichtliche Wirklichkeit. Somit ist es auch unmöglich, unter »Reich Gottes« einen jenseitigen »Himmel« zu verstehen.

Bild vollendeten Lebens

Man kann also recht leicht Auslegungen nennen, die nicht zutreffen. Allgemein läßt sich nur sagen: Das »Reich Gottes« ist eine Metapher für die Fülle der positiven Möglichkeiten des menschlichen Lebens.
Aus heutiger Sicht kann man das Bild vom Reich Gottes so interpretieren:
- Das Leben des Menschen wird begleitet von Idealen: Die Begriffe »Glück«, »Liebe«, »Frieden« und »Gerechtigkeit« deuten die Richtung dieser Idealvorstellung an.
- Ohne eine solche Hoffnungsperspektive können Menschen kaum in Zustimmung leben. Wenn derartige Ziele und Hoffnungen aber lebendig sind, ragen sie hinein in das tägliche Leben. Sie bestimmen Entscheidungen und Handlungen.
- Für Christen ist diese Sinndimension des Lebens begründet im Glauben an Gott. Weil es Gott als alles bestimmende Wirklichkeit

gibt, hat es auch Sinn, sich für Liebe, Frieden und Gerechtigkeit einzusetzen.
- Diese Vorstellungen vom erfüllten Leben aber können nur unvollkommen verwirklicht werden; Christen hoffen, daß Gott als Ziel der Geschichte die Vollendung der Welt stiftet. Diese Hoffnung durchdringt und bestimmt die christliche Weltverantwortung: Die Umgestaltung der Welt im Sinn Gottes ist jetzt schon möglich und Aufgabe der Christen.

3.5 Christusdeutungen im Neuen Testament

Methodische Voraussetzungen

Das Neue Testament wurde erst gegen Ende des 2. Jahrhunderts als Sammlung verbindlicher Schriften zusammengestellt. Als die einzelnen Teile entstanden, gab es keine einheitliche Deutung der Gestalt Christi. Entsprechend geben die verschiedenen Schriften des Neuen Testaments unterschiedliche Ausformungen des Christusbekenntnisses wieder.

Gemeinsame Grundlagen

Zwei Aussagen über Christus verbinden aber alle neutestamentlichen Schriften:
a) Jesus aus Nazaret ist eine historische Gestalt; es gibt Zeugen seines Lebens, und sein Wirken ist das Fundament des christlichen Glaubens.
b) Der Gekreuzigte wurde von Gott auferweckt und lebt als Herr der Kirche weiter.
Diese Aussagen sind eingebettet in die grundlegende Glaubensüberzeugung der frühen Kirche: Das Heil aller Menschen ist abhängig vom Bekenntnis zu Jesus Christus. Er ist der universale Heilsbringer. Diese Funktion kommt Jesus Christus zu durch ein einzigartiges Gottesverhältnis, das in dem Bekenntnis zu Jesus Christus als dem *»Sohn Gottes«* ausgedrückt wird. Jesus nennt Gott »Abba« (= Vater); dieser hat ihn zum Erlöser bestimmt (→ 3.8).
Diese grundlegenden Überzeugungen formulieren die frühen Christen von den religiösen Vorstellungen her, durch die sie geprägt wurden. Entsprechend greifen judenchristliche Gemeinden Bilder auf, die im Alten Testament vorgezeichnet waren:

Judenchristliche Interpretation

- *Jesus ist der Messias* (= Christus), d. h. der Gesalbte Gottes, der das Reich Israel wieder herstellt.
- *Jesus ist der neue Mose,* der den Willen Gottes neu interpretiert und das neue Bundesvolk repräsentiert (so besonders bei Matthäus).
- *Jesus ist der Menschensohn,* d. h. jene gottgesandte Gestalt, die die Endzeit ankündigt.

- *Jesus ist der leidende Gerechte.* In der Selbstauslegung versteht das Volk Israel sich als Gemeinschaft, die im Gehorsam gegenüber Gott Gerechtigkeit üben will und darunter leiden muß. – Personifiziert wird diese Vorstellung in der Gestalt des »leidenden Gerechten« (Jes 52); die frühen Christen beziehen diese Überlieferung auf Jesus von Nazaret.
- *Jesus ist der neue Adam.* Für Paulus ist Jesus der Wendepunkt der Menschheitsgeschichte. Die Geschichte des Unheils führt er auf Adam zurück; und in Jesus Christus beginnt die Geschichte des neuen Menschen, der von Schuld und Tod erlöst ist.

Hellenistische Interpretation Aus anderen kulturellen Traditionen heraus bevorzugen hellenistische Gemeinden Vorstellungen, die weniger geschichtlich als kosmisch geprägt sind (→ 3.6):

- *Christus ist das Licht;* er führt die unerlöste Menschheit aus der Finsternis der Unwissenheit und Schuld.
- *Christus ist das Leben;* er bringt der todverfallenen Welt göttliches Leben.
- *Christus ist der Logos* (= das Wort); durch ihn wirkt Gott in der Schöpfung und in der Geschichte.

Folgerungen An diesen Beispielen wird deutlich, daß das NT in einer Vielfalt von Aussagen die Gestalt Christi deutet. Zugleich wird darin sichtbar, daß der Christusglaube in den verschiedenen Epochen und Kulturen unterschiedlich ausgesagt werden muß.

3.6 Christusglaube und hellenistischer Kulturkreis

Das Problem Die alttestamentlich geformten Aussagen über Christus verlieren an Erschließungswert für Menschen des griechischen Kulturkreises. Damit wird es notwendig, daß Christen ihren Glauben im Rahmen des hellenistischen Denkens formulieren. Diese Neuformulierung des Glaubens wurde besonders wichtig, als das Christentum im 4./5. Jahrhundert zur beherrschenden Religion wurde (→ 7.3). Das philosophisch-religiöse Denken der Antike unterscheidet sich aber in mehreren Punkten wesentlich von der jüdischen Tradition. Vereinfacht kann man folgende Gegensätze festhalten:

Hellenistisches Denken	Jüdische Tradition
Polytheismus: Auffassung, daß das Weltgeschehen bestimmt ist durch das Göttliche, das sich in vielen Erscheinungsformen (Göttern) äußert.	*Monotheismus:* Glauben an einen einheitlichen Gott, der Herr der Welt und Geschichte ist – bei gleichzeitiger Verweigerung einer konkreten, anschaulichen Vorstellung von diesem Gott (→ 2.3).
Dualistische Tendenz: Das Weltgeschehen wird gedacht als Kampf zweier feindlicher Prinzipien, von denen das eine negativ bewertet wird: Reiner Geist ↔ unreine Materie Seele ↔ Leib Licht ↔ Finsternis	*Geschichtstheologisches Denken:* Die Geschichte Israels ist der Raum, in dem Gott wirkt: Er befreit sein Volk aus Ägypten, er fordert Gerechtigkeit und Freiheit (→ 2.3).
Heilserwartung: Der Sieg des Geistigen im Menschen, der zugleich Teilhabe am Göttlich-Reinen bedeutet.	*Heilserwartung:* Die Geschichte vollendet sich im »Tag Jahwes«. Dann wird Gott im Gericht die Vollendung der Welt herbeiführen (→ 3.4).

Gegensätze im Weltbild

Beide Verstehensweisen geraten bei der »Christianisierung« des hellenistischen Kulturkreises in Konflikt. Es mußte geklärt werden, was Jesus Christus angesichts hellenistischer Heilserwartungen bedeutet. Dabei ergeben sich vor allem die folgenden Probleme:

Theologische Schlüsselfragen

1. Wenn im jüdischen Denken Gott als ein einziges, weltüberlegenes Wesen gedacht wird, wie kann dann Gott in Jesus Christus Mensch werden?
2. Wenn zwischen Gott und der Welt, zwischen Geist und Materie, ein unüberbrückbarer Gegensatz besteht, wie kann man sich dann Jesus Christus als Mittler zwischen beiden »Welten« vorstellen?

Aus diesen Fragestellungen entwickelt sich ein langer, innerchristlicher Streit, der auf dem *Konzil von Chalzedon* (451) zur zentralen christologischen Aussage führt:

Lösungsformel

> *»Folgend den heiligen Vätern, lehren wir alle einstimmig, daß der Sohn, unser Herr Jesus Christus, ein und derselbe sei. Der eine und selbe ist vollkommen der Gottheit und vollkommen der Menschheit nach, wahrer Gott und wahrer Mensch, bestehend aus einer vernünftigen Seele und dem Leibe. Der eine und selbe ist wesensgleich dem Vater der Gottheit nach und wesensgleich auch*

uns seiner Menschheit nach, ›er ist uns in allem ähnlich geworden, die Sünde ausgenommen‹ (Hebr 4,15). Vor aller Zeit wurde er aus dem Vater gezeugt seiner Gottheit nach, in den letzten Tagen aber wurde derselbe für uns und um unseres Heiles willen aus Maria, der Jungfrau, der Gottesgebärerin, der Menschheit nach geboren.« (...)

Dieses Glaubensbekenntnis von Chalzedon erklärt die Einheit von Gottheit und Menschheit nicht. Die grundsätzliche Unverstehbarkeit bleibt. Dennoch trifft das Konzil für die spätere Entwicklung zwei wichtige Festlegungen:

Bedeutung: Menschlichkeit Jesu

1. Die Menschlichkeit Jesu wird nicht abgewertet zugunsten der Gottheit. Dadurch bleibt es möglich, daß Gott in der Welt und im Mitmenschen erfahren wird. Diese Überzeugung spricht schon Tertullian († um 225) aus: »Gott ist Mensch geworden, damit der Mensch göttlich werde.«

Einheit Gottes

2. Das Christentum bleibt eine monotheistische Religion. Schöpfung und Geschichte können damit auf das Handeln des *einen* Gottes zurückgeführt werden. – Für Welterfahrung und für die denkerische Erfassung der Wirklichkeit ergibt sich aus der Gottesidee ein Prinzip der Konzentration: Die Frage nach dem Ursprung und Ziel der Welt, nach Aufbau und Ordnung der Schöpfung hat ihren zentralen Fluchtpunkt in der Vorstellung von Gott.

3.7 Christusdeutungen der Gegenwart

Veränderter Fragehorizont

Das grundlegende christliche Bekenntnis lautet: »Ich glaube an Jesus Christus, den Sohn Gottes.« Diese Glaubensaussage trägt im Laufe der Geschichte unterschiedliche Akzente. Im Zentrum der theologischen Reflexion der Antike steht die Gestalt Christi als menschgewordener Gott. Die entscheidende Frage lautete: Wie kann man verstehen, daß der ewige und jenseitige Gott Mensch wird? Man ging dabei von einer philosophischen Gottesvorstellung aus und versuchte zu erklären, wie Gottheit und Menschheit in Jesus Christus verbunden sind (→ 3.6). – Einen solchen theologischen Ansatz nennt man heute *»Christologie von oben«*, d. h. von der Idee Gottes her wird Christus gedeutet.

»Christologie von oben«

»Christologie von unten«

Die heutige Theologie geht in der Regel einen anderen Weg. Sie fragt: Was ist das Außergewöhnliche an Jesus von Nazaret, so daß Christen sagen können: Er ist der Sohn Gottes? – Und weiter: Was bedeutet es für unsere Vorstellung von Gott, wenn dieser Gott im Menschen Jesus von Nazaret sichtbar wird? – Diese Fragerichtung bezeichnet man entsprechend als *»Christologie von unten«*.

Erlösungsverständnis

Eine zweite einschneidende Veränderung hat sich in der Auffassung von der Erlösung ergeben (→ 3.8). Die antike und mittelalterliche Theologie fragte: Wie kann der sündenbeladene Mensch vor Gott gerechtfertigt werden? Diese spekulative Frage wird in unserem Jahrhundert zurückgedrängt. An ihrer Stelle bemüht sich die Theologie zu klären, worin die befreiende Kraft der Nachfolge Jesu liegt. Konkreter heißt das: Welche Impulse zur Gestaltung des Lebens gehen von der Botschaft Jesu aus? Wie verändert die neutestamentliche Ethik (→ 5.5) das Zusammenleben der Menschen und die gesellschaftlichen Ordnungen?

Historisch-kritische Forschung

Diese Fragerichtungen wurden verstärkt durch die historisch-kritische Erforschung der Bibel. Seit der Aufklärung will man sich der Grundlagen des Christusglaubens in den Schriften des Neuen Testaments versichern. Als Ergebnis dieses Forschungsansatzes stellt sich die Unterscheidung zwischen dem historischen Jesus und dem Christus des Glaubens ein (→ 3.3). Entgegen der ursprünglichen Erwartung aber erweist es sich als unmöglich, eine Biographie Jesu zu rekonstruieren (→ 3.2).

Bultmann: Kerygmatische Interpretation

Angesichts dieser Schwierigkeit entwickelt *Rudolf Bultmann* (1884–1976. → 6.8) einen theologischen Neuansatz. Ihn interessiert nicht das Leben oder die Person Jesu (historischer Jesus), sondern die Botschaft von Jesus Christus im NT. Jesus von Nazaret ist uns nur im Kerygma zugänglich, und nur dieses ist Grund und Gegenstand des Glaubens.

Zugleich fordert Bultmann die *Entmythologisierung* (→ 6.7, 6.8) und *existentiale Interpretation* des NT: Die Überlieferungen des NT soll man nicht als Aussagen über Gott, das Jenseits oder das Ende der Welt lesen. Angesichts des gewandelten Weltbilds geht den heutigen Leser vor allem die Frage an, wie im NT das menschliche Dasein gewertet und begründet wird.

Neue Einsichten der Exegese

In den letzten dreißig Jahren ist das Vertrauen in den historischen Kern der Jesusüberlieferung wieder gewachsen. Man hat alte Überlieferungsschichten der synoptischen Evangelien herausarbeiten können, die zumindest die Intentionen Jesu erschließen lassen (→ 3.4, 5.5).

Kennzeichnend für die heutige Denkweise ist das Jesusbild, das *Josef Blank* (geb. 1926) entwirft. Er deutet Jesus vor dem Hintergrund des zeitgenössischen Judentums, vor allem der apokalyptischen Bewegungen. Zentraler Gedanke ist die Verkündigung des Reiches Gottes (→ 3.4). Wesentlich ist für Jesus auch sein familiär-vertrautes Verhältnis zu Gott, der das Heil aller Menschen will – ohne Rücksicht auf ihre gesellschaftliche oder religiöse Stellung (→ 2.3). Aus dem Heilswillen Gottes erwächst die Forderung nach Nächstenliebe; deshalb kritisiert Jesus auch eine Gesetzespraxis, die der Befreiung des Menschen zu seinem Glück im Wege steht. Aus dieser Interpretation gewinnen Theologen Impulse für heutige Lebensgestaltung: Jesus ermutigt nach ihnen zu einem Leben, das von Vertrauen, Zuwendung und Liebe bestimmt ist. Damit geht vom NT der Impuls zur Veränderung menschlicher Beziehungen und der Gesellschaft im ganzen aus (→ 5.5).

Politische Theologie

Ausgeprägter fragt die *Politische Theologie* nach den Beziehungen zwischen Glaube und sozialen Strukturen. Ihr Interesse erwächst aus den Fragen: Wie kritisiert das Evangelium die bestehenden gesellschaftlichen Verhältnisse? Welche Anstöße zu einer neuen Praxis gibt die Botschaft Jesu? – Gegenüber der traditionellen Theologie ergibt sich daraus ein neues Wahrheitsverhältnis. Die Wahrheit einer Glaubensüberzeugung wird nicht in einer theoretischen Argumentation begründet; Aufschluß über die Wahrheit erteilt vor allem der Blick auf die praktischen Folgen des Glaubens. So steht für *Johann Baptist Metz* (geb. 1928) der Begriff der Nachfolge im Zentrum seiner christologischen Überlegungen. Die Botschaft und Praxis Jesu Christi provozieren eine gefährliche und befreiende Erinnerung, die sich gegen ungerechte Herrschaftsstrukturen in Gesellschaft und Kirche wendet. *Dorothee Sölle* (geb. 1929) bewertet die Verkündigung Jesu angesichts der geschichtlichen und sozialgeschichtlichen Bedingungen der Antike. Für sie ist Jesus der Mensch, der von allen Formen der Entfremdung frei ist. Weil er von Herrschaft und Reichtum frei ist, kann er sich dem anderen einfühlsam und ohne Eigeninteresse zuwenden. Für *Jürgen Moltmann* (geb. 1926) wird die Interpretation von Kreuz und Auferstehung zum Schlüssel der Christologie. Im Tod Jesu identifiziert sich Gott mit dem Leiden der Menschen an ungerechter Gewalt. In der Auferweckung nimmt Gott das Leiden in sich auf; er kritisiert und entlarvt damit zugleich die ungerechte Gewalt als ohnmächtig.

Karl Rahner: Existentiale Christologie

Ausgangspunkt für die theologische Reflexion bei *Karl Rahner* (1904 bis 1984) ist die Vorstellung vom »übernatürlichen Existential«: In seinen entscheidenden Grunderfahrungen fragt und hofft der Mensch immer über das faktisch Erreichte und geschichtlich Gewordene hinaus. Darin zeigt sich, daß der Mensch tendenziell die absolute Erfüllung seines Lebens erhofft. Aus sich heraus kann der Mensch die Vorstellung der absoluten Erfüllung aber nicht entwickeln, d. h. der Mensch kann sich nicht selbst erlösen. Damit das Heilsverlangen des Menschen aber nicht sinnlos ist, bedarf der Mensch der heilsstiftenden Zuwendung Gottes. Diese Zuwendung muß geschichtlich erfahrbar sein und sich auf den Menschen unmittelbar beziehen. In der Gestalt des Jesus aus Nazaret wird die geschichtliche, dem Menschen gemäße Zuwendung Gottes anschaulich. Jesus Christus erweist sich darin als universaler Heilsbringer.

Teilhard de Chardin: Christus und die Evolution

Die zentrale Einsicht für *Teilhard de Chardin* (1881–1955) lautet: Der Mensch ist Teil eines evolutiven Systems. Die Evolution des Menschen ist noch im Gang. Ihre Tendenz ist erkennbar: Der Mensch entwickelt sich zu größerer Geistigkeit und zu intensiverer Gemeinschaft. Den idealen Endpunkt dieser Evolution nennt Teilhard »Omega«. Für ihn ist der Prozeß der evolutiven Menschwerdung zugleich die Menschwerdung Gottes. In der Gestalt des Gottmenschen Jesus Christus wird das Ziel der Evolution sichtbar: Er verkörpert die Liebe, die die Einheit der Menschen stiftet.

3.8 Erlösung

Erlösungssehnsucht

Menschen sehnen sich nach einem Leben, das frei ist von Angst, Schuld und Leiden. Dieses Verlangen nach Glück wird von der Erfahrung aber nicht eingelöst. Kriege und Krankheiten, Unrecht und seelische Not begleiten die Geschichte der Menschheit wie des einzelnen. Daraus erwächst die Frage, ob das Leben sinnlos ist. Für den christlichen Glauben lautet diese Frage: Will Gott das Heil des Menschen?

Klassische Vorstellung

Die traditionelle Antwort auf diese Frage läßt sich – stark vereinfacht – so zusammenfassen:

- Gott will das Heil des Menschen, aber durch die Sünde hat die Menschheit sich von Gott abgewendet. Die Folgen der Sünde (Leid, Krankheit, Krieg, Tod) bestimmen die Lebenswirklichkeit.
- Ohne selbst schuldig zu sein, leidet Jesus für die Sünde der Menschen am Kreuz (stellvertretendes Leiden). Darin versöhnt er Gott mit den Menschen.
- Durch Glaube, Taufe und Nachfolge Jesu verbindet sich der Christ mit dem Erlösungswerk Christi. In den Sakramenten (→ 4.5) erhält diese Verbindung sichtbaren und wirksamen Ausdruck.
- So erwirbt sich der Christ durch Glaube und christliches Leben die begründete Hoffnung auf das ewige Leben in der Gemeinschaft mit Gott.

Heutige Ansätze

Die neue Theologie greift verschiedene, größtenteils biblische Zusammenhänge auf, um verständlich zu machen, was Erlösung bedeutet:

1. Der christliche Glaube geht davon aus, daß Gott das Wohl des Menschen will (allgemeiner Heilswille Gottes).

2. In vielen Überlieferungen schon des AT erweist sich Jahwe als Gott, der die Leiden seines Volkes mitträgt (Befreiung aus Ägypten, Hoffnung im Exil).
3. Über die geschichtlichen Erfahrungen hinaus hofft Israel auf eine Neuordnung der Welt am Ende aller Zeit (→ 2.3; 2.8).
4. Jesus von Nazaret verstärkt das Vertrauen in einen liebenden Gott, der das Wohl der Menschen will und herbeiführen wird (→ 3.4).
5. Im Verhalten und im Schicksal Jesu wird anschaulich, was dem Menschen zum Heil dient (→ 5.5; 3.7): In seinen Heilungen stellt er beschädigtes Leben wieder her; in seinen Mahlgemeinschaften hebt er gesellschaftliche Grenzen auf; Christen glauben, daß sein Tod und seine Auferstehung die Überwindung des Leidens bedeuten.
6. Das Heilshandeln Jesu wird fortgeführt in der Kirche: In ihren Sakramenten vergegenwärtigt sie das Handeln Gottes; in ihrer Verkündigung trägt sie die Impulse des Glaubens an Gott und Jesus Christus weiter. Christliche Gemeinschaften fördern in Solidarität und tätiger Nächstenliebe das Wohl aller (→ 4.9; 4.5).
7. Das Zweite Vatikanische Konzil (1961–1965) hat darüber hinaus die Mitwirkung des Christen an der Erlösung betont: In dem Kampf gegen Unrecht und Unterdrückung bewährt sich der Weltauftrag des Christen (→ 7.10)

Vergleich beider Ansätze

Die traditionelle Interpretation der Erlösung hatte den Vorzug der Einheitlichkeit und Geschlossenheit. Der Zusammenhang zwischen der eigenen Schuld, der Erlösungsbedürftigkeit und dem Handeln der Kirche war für die Gläubigen einsichtig. – Problematisch erscheint aus heutiger Sicht, daß das Erlösungsdenken das Heil des Einzelnen überbetont hat; viele Gläubige gingen sogar davon aus, daß man einen »Rechtsanspruch« auf Erlösung durch Frömmigkeit und gute Werke erlangen könne. – Demgegenüber sind die heutigen Denkansätze weniger systematisch; sie berücksichtigen biblische Grundlagen und beziehen sich stärker auf die sozialen und politischen Verhältnisse.

4 Kirche

4.1 Warum Kirche?

»Jesus hat das Reich Gottes verkündet, gekommen ist die Kirche.« (A. Loisy)

Widersprüche zwischen Jesus und der Kirche

Dieser Satz drückt einen Widerspruch aus, an dem viele Christen leiden. Das Leben und die ethischen Überzeugungen Jesu wirken einladend (→ 3.1; 5.5). Die Kirche bleibt hinter dem Anspruch Jesu zurück:

- Jesus lebte arm; bei uns leben die Vertreter der Kirche in gesicherten Positionen.
- Jesus wollte keine Rangunterschiede im Kreis seiner Jünger; die Kirche hat eine ausgeprägte Hierarchie von Ämtern und Rechten hervorgebracht.
- Jesus legte Gesetze zugunsten des Menschen aus und berief sich dabei auf den Willen Gottes; die Kirche schafft ein eigenes Recht, durch das Bedingungen für die Mitgliedschaft geregelt sind.
- Jesus hielt sich heraus aus den politischen Auseinandersetzungen seiner Zeit; die Kirche nimmt immer wieder Einfluß auf das politische Geschehen und verfolgt dabei oftmals eigene Interessen.

Diese Beispiele verdeutlichen den grundsätzlichen Unterschied zwischen Jesus und der Kirche. Sie zeigen vielleicht auch die Gefahr, daß die Kirche den Erwartungen, die Jesus geweckt hat, nicht entspricht.

Heutige Fragen

Vor dem Hintergrund der heutigen Gesellschaft verschärfen sich diese Befürchtungen noch:

- Ist es richtig, daß die meisten Kinder vor jeder persönlichen Entscheidung getauft werden? (→ 4.10)
- Ist es richtig, daß die Kirchen rechtlich und finanziell so stark abgesichert sind? (→ 4.9)
- Warum kann man nur »evangelisch« oder »katholisch« sein und nicht einfach »christlich«? (→ 4.7)
- Muß man sich überhaupt einer Kirche anschließen, um als Christ leben zu können? (→ 4.2)

4.2 Selbstverständnis der Kirche

Die Rolle der Kirche in der Gesellschaft hat sich im Laufe der Geschichte stark verändert. Damit hat sich auch das Selbstverständnis der Kirche verschoben. Dennoch lassen sich einige grundlegende Merkmale herausstellen:

Berufung auf Jesus Christus

Die Kirche führt sich selbst und ihren Auftrag auf Jesus von Nazaret zurück. Nach heutiger Auffassung hat Jesus die Kirche zwar nicht unmittelbar begründet; er löste jedoch eine Tradition aus, die zur Gemeindebildung führte (→ 4.4). In der Begründung ihrer Lebensformen und ihres Handelns beruft sich die Kirche immer wieder auf die Intentionen Jesu. Sie tut dies, indem sie das Neue Testament als Grundlage ihres Glaubens versteht und in Christus den Sohn Gottes verehrt.

Universaler Geltungsanspruch

Schon das Neue Testament bezeugt, daß die christliche Verkündigung sich grundsätzlich an alle Menschen richtet. Die Unterschiede zwischen den Völkern, den gesellschaftlichen Schichten und den Rassen werden aufgehoben. Damit betrachtet sich die Kirche als Wegbereiter einer universalen und solidarischen Gesellschaft.

Heilsnotwendigkeit

Nach christlicher Auffassung ist der Mensch erlösungsbedürftig, d. h. er leidet unter Schuld und Unvollkommenheit, so daß er notwendig der Hilfe von außen bedarf, damit sein Leben gelingt. Der Weg der Erlösung ist die Nachfolge Jesu (→ 3.8). Nach ihrem Selbstverständnis führt die Kirche das Heilshandeln Jesu Christi weiter. In Gebet, Gottesdienst und Sakramenten überschreitet sie eine vordergründige Lebensorientierung. Damit erhebt sie den Anspruch, Ausdruck der Transzendenz in der Welt zu sein (Diesseitiges und Jenseitiges sieht die Kirche in sich vereinigt).

Gegenwart des Geistes

Die Kirche unterliegt wie alle Institutionen geschichtlichen Veränderungen. In neuen Situationen muß sie demnach auch neue Ausdrucksformen des Glaubens finden. Sie muß vermitteln zwischen den Impulsen des Evangeliums und den Erfordernissen der jeweiligen Gegenwart. Die Kirche vertraut darauf, daß sie in diesem Aktualisierungsprozeß ihrem Ursprung treu bleibt. Sie hofft, daß der Geist Jesu in ihr lebendig bleibt: In charismatischen Gestalten, in der Interpretation des Glaubens und in neuen Formen der Frömmigkeit sucht sie Antworten für die jeweilige Zeit.

Vorläufigkeit der Kirche

Stärker als in früheren Jahrhunderten betonen die Kirchen ihre Vorläufigkeit: Sie wissen, daß sie unvollkommen sind und eingebunden in die Geschichte. Sie suchen ihren Weg aber in dem Bewußtsein, daß es ein Ziel der Geschichte gibt, dem sie entgegengehen. Diese Dimension der Kirche drückt das Bild vom pilgernden Gottesvolk aus.

Diakonie als Grundfunktion

Das heutige Selbstverständnis der Kirche hebt sich ab vom Herrschaftsanspruch, den die Kirche im Hochmittelalter und in der frühen Neuzeit vertreten hat. Aus dem Bewußtsein ihrer Heilsnotwendigkeit leitete die (katholische) Kirche das Recht ab, über alle Bereiche des staatlichen und privaten Lebens normativ zu bestimmen (vgl. Investiturstreit, Gesellschaftslehre, Zensur und Index).

Heute betont die Kirche eher ihre Dienstfunktion. Dabei beruft sie sich nicht zuletzt auf neutestamentliche Traditionen. Für die Gläubigen bemüht sich die Kirche um spirituelle Prägung, die zugleich zu christlichem Handeln ermutigen soll (Kult, Verkündigung, Gemeindeleben). In der Weitergabe und Auslegung des Glaubens will sie aber auch jene erreichen, die keine Bindung an die Kirche mehr haben.

Als ihre besondere Aufgabe in der Gesellschaft sieht sie an

- *soziale Diakonie:* Sozialarbeit in Kindergärten, Altersheimen, Bildungsarbeit;
- *weltanschauliche Diakonie:* Beiträge zur ethischen und weltanschaulichen Bewußtseinsbildung, insbesondere kritische Begleitung politischer und sozialer Entwicklungen.

4.3 Institutionalisierung des Glaubens

Das Problem

Die christlichen Kirchen stehen in dem Verdacht, daß ihre Praxis dem Geist des Evangeliums nicht entspricht. Sie verkünden Grundsätze, die sie selbst nicht beherzigen. Daraus schließen Kritiker, man solle aus dem Geist Jesu leben, aber auf die Institution Kirche verzichten (»Jesus ja – Kirche nein!«).

Was sind Institutionen?

Institutionen sind Regelsysteme, die die Gesellschaft strukturieren: Familie, Verbände, Behörden, Wirtschaftsunternehmen usw. Sie zeichnen sich aus durch

- Orientierung an einer Leitidee oder einem Ziel;
- Aufbau von Ordnungen und Kontrollen;
- Bildung von Ämtern und Rollen;
- Stabilität und relative Unabhängigkeit von einzelnen Mitgliedern.

Elemente der Institutionalisierung

Wenn die Kirche nicht in spontane, informelle Zirkel auseinanderfallen will, braucht auch sie institutionelle Sicherungen:

- grundlegende Gebets- und Bekenntnistexte (Vater unser, Credo, Zehn Gebote)
- gemeinsame Riten und Feiern
- grundlegende Schriften, an denen sie sich orientiert (Bibel, Ordensregeln, Katechismen)

- Satzungen und Ordnungen (Kirchenrecht, Ordnung der Liturgie, Regelungen der Religionszugehörigkeit)
- Ämter und Dienste (Bischöfe, Pfarrer, Katecheten usw.)
- Versammlungsräume und Gebäude (Kirchen, Klöster, Ausbildungsstätten für Klerus usw.)

Das Maß der Institutionalisierung der Kirche ist abhängig
- von der Differenziertheit der Gesellschaft im ganzen
- und von der Bedeutung, die die Kirche in einer Gesellschaft hat.

Ambivalenz der Institutionalisierung

Die Institutionalisierung wirkt sich aber auf die Kirche ambivalent aus:

Zunächst bietet sie beträchtliche *Vorteile:*
- Sie sichert die Weitergabe des christlichen Glaubens in der Geschichte (Katechese in der Gemeinde, theologische Lehre, Religionsunterricht, Lehrtraditionen des kirchlichen Amtes).
- Sie schafft die materiellen und personellen Voraussetzungen für die notwendige Gemeinschaftserfahrung (Kirchengebäude, Pfarrzentren, Pfarrer, kirchliche Verbände, Ordensgemeinschaften usw.).
- Sie ermöglicht es, daß Christen als Gruppe auf die Gesellschaft einwirken können.
- Sie gibt dem religiösen Leben geordnete Formen; ungezügelte, sozial schädliche Religiosität unterbindet sie (Gegenbeispiel: Jugendreligionen).

Dagegen stehen einige *Nachteile* der Institutionalisierung:
- Die Kirche verfügt über Geld und Ämter, und es entsteht die Möglichkeit, daß die Kirche materielle oder soziale Vorteile für sich anstrebt.
- Aus den Traditionen der Kirche entsteht leicht Abneigung gegenüber neuen Ideen und Lebensformen, auch wenn diese dem Geist des Evangeliums mehr entsprechen als die überlieferte Praxis.

4.4 Anfänge der Kirche im Neuen Testament

Betrachtet man die heutige Kirche, so kann man nicht einfach sagen, Jesus habe sie in dieser Form gewollt und gegründet.

Gemeinschaftsbildende Elemente im Wirken Jesu

Dennoch lassen sich im Wirken Jesu Elemente entdecken, die eine spätere Gemeindebildung vorbereiteten (→ 3.2, 3.4):
- Folgt man den ethischen Impulsen der Reich-Gottes-Vorstellung Jesu, so sind Gemeinschaften notwendig, die Versöhnung üben und integrierend wirken.
- Jesus selbst hat Anhänger um sich gesammelt. Einige davon waren herausgehoben und in besonderer Weise an der Weitergabe der Lehre Jesu beteiligt (Zwölferkreis).

- Der Verkündigungsstil Jesu war offen und gemeinschaftsbezogen, was sich insbesondere in den Mahlgemeinschaften äußerte.

Frühkirchliche Entwicklungen

Zu diesen Impulsen aus dem Wirken Jesu treten historische Entwicklungen, die zur Ausprägung gegliederter frühchristlicher Gemeinden führten:

- Aus dem Konflikt zwischen Jesus und anderen jüdischen Gruppen (Sabbat-Konflikt, Gesetzesauslegung, Tischgemeinschaft mit Zöllnern und Sündern) schließt sich die Gruppe der Jesus-Anhänger enger und bewußter zusammen.
- Der gewaltsame Tod Jesu bereitet die Trennung zwischen Judentum und Jesus-Anhängern vor. Der Glaube an die Auferstehung Christi begründet das eigene Bekenntnis.
- Der Missionserfolg bei hellenistischen Juden und schließlich bei Heiden verschärft die Grenzen zum Judentum. Dabei werden auch neue Bekenntnisformeln notwendig, die die Bedeutung Christi für den hellenistischen Kulturkreis ausdrücken (→ 3.6).
- Mit dem Anwachsen der Gemeinde bilden sich eigene Leitungs- und Dienstämter heraus.

Differenzen zwischen Jesus und der Kirche

Freilich bleiben Differenzen zwischen den erkennbaren Absichten Jesu und den späteren Ausprägungen der Kirche:

Jesus verkündet das Reich Gottes.	⟷	Die Kirche verkündet und verehrt den auferstandenen Christus.
Jesus richtet sich an Israel.	⟷	Die Kirche versteht sich universal.
Der Jüngerkreis Jesu ist weitgehend informell; er kennt kaum Amts- und Leitungsstrukturen.	⟷	Die Kirche bildet Ämter und Hierarchien heraus.
Jesus und die Jünger rechnen mit einem baldigen Ende der Zeiten.	⟷	Die Kirche strebt nach geschichtlicher Wirkung; sie bildet Institutionen aus, die den Tag überdauern.

Will man der Kirche und ihrer heutigen Gestalt gerecht werden, so genügt also nicht allein die Berufung auf Jesus. Vielmehr ist es geradezu die Aufgabe der Kirche, neue Lebensformen und Gestaltungen hervorzubringen, die den Impulsen Jesu und zugleich den Erfordernissen der jeweiligen Zeit entsprechen. So bilden sich auch Traditionen heraus, die geschichtsnotwendig sind oder waren; sie behalten Verpflichtungscharakter für spätere Epochen der Kirche.

4.5 Sakramente

Zeichenhandlungen im Alltag

Es gibt Situationen, in denen Handlungen und Gesten mehr bedeuten, als die Überprüfung ihres praktischen Nutzens ergibt. Wer etwa nach bestandenem Examen mit seinen Freunden ein Glas Sekt trinkt, will nicht zur Ernährung seiner Gäste beitragen. Diese Handlung weist also über das äußere Geschehen hinaus auf die Bedeutung und den Erlebniszusammenhang der Situation. Die Handlung erhält symbolischen Charakter.

Sakramente

Ähnlich können Sakramente verstanden werden als rituelle Zeichenhandlungen, die religiöse Grunderfahrungen ausdrücken.

Ekklesiologische Dimension

In ihnen spiegeln sich zunächst Selbstverständnis und Grundvollzüge der Kirche:
– Aufnahme in die Gemeinschaft der Gläubigen;
– Umkehr, Versöhnung und Vergebung;
– Ermutigung zur tätigen Nächstenliebe;
– christliche Formung des täglichen Lebens;
– die Verheißung ewigen Lebens.

Christologische Dimension

Dabei beabsichtigen die Sakramente zugleich die Identifikation mit Jesus Christus: Durch die Taufe wird der Christ zur Nachfolge Jesu aufgerufen; das Abendmahl vergegenwärtigt Tod und Auferstehung Christi. Insofern sind Sakramente biblisch begründet: Sie orientieren sich an der Überlieferung Jesu Christi und gehen zurück auf die Praxis der frühen Gemeinden.

Anthropologische Dimension

Ihrer Intention nach sollen Sakramente als Bereicherung des Lebens erfahren werden: Befreiung von Schuld, Erfahrung der Gemeinschaft, Ermutigung zur Ehe und Beistand in schwerer Krankheit. Traditionell wird diese Stärkung christlichen Lebens als Wirkung der göttlichen Gnade bezeichnet.

Die katholische Kirche kennt sieben Sakramente (Taufe, Eucharistie, Firmung, Bußsakrament, Ehe, Priesterweihe, Krankensalbung), die Kirchen der Reformation in der Regel nur Taufe und Abendmahl (→ 7.7).

4.6 Mission

Universales Heilsverständnis

Wer von der Richtigkeit seiner Vorstellungen überzeugt ist, will auch andere Menschen überzeugen. Dies gilt vor allem für Weltanschauungen, die sich auf Lebensführung und ethische Überzeugungen auswirken. Nach ihrem Selbstverständnis dient die Kirche dem Heil aller Menschen; ihre Botschaft richtet sich grundsätzlich an alle (→ 4.2). Mission wird damit Grundvollzug der Kirche.

Formen der Mission

Mission spielte sich im Laufe der Geschichte in unterschiedlichen Formen ab:
- Im Altertum gewinnt dic Kirche Anhänger durch die Überzeugungskraft der christlichen Gemeinden, die sich insgesamt missionarisch verstehen. Nach und nach löst das Christentum die heidnische Religion ab, deren Lebenskraft zurückgegangen ist.
- Ein anderer Weg der Christianisierung eröffnet sich dann, wenn ein Volk den christlichen Glauben als Element einer überlegenen Kultur annimmt (z. B. Bekehrung der Germanen im frühen Mittelalter; Christianisierung Osteuropas; Missionserfolge im heutigen Afrika).

In anderen Fällen folgte die christliche Mission der politisch-kolonisatorischen Eroberung bzw. Erschließung der Dritten Welt. Daraus entstanden zwei Probleme:
- Christentum konnte leicht identifiziert werden mit den politisch-wirtschaftlichen Interessen der Kolonisatoren.
- Das Christentum wurde häufig als europäisches Christentum aufgepfropft und zu wenig eingepaßt in die kulturellen und ethischen Traditionen eines Volkes.

Gegenwärtige Tendenzen

Die Mission versucht gegenwärtig, diese Fehlentwicklungen zu überwinden. Als ihr *Ziel* sieht sie die *Enkulturation* des Christentums, d. h. die Einbindung des christlichen Glaubens in humane Traditionen der jeweiligen Kultur. Entsprechend werden die Kirchen der Dritten Welt ermutigt, eigene Theologien und eigene gottesdienstliche Formen zu entwickeln. In diesem Verständnis ist das Christentum nicht länger ausschließlich europäisch geprägt, und es zeichnet sich die Möglichkeit ab, daß Erfahrungen christlicher Praxis aus den ehemaligen Missionsländern auf die europäischen Kirchen zurückwirken (vielleicht schon die Theologie der Befreiung in Südamerika).

4.7 Konfessionen

Wortbedeutung

Das Wort »Konfession« bedeutet ursprünglich »Bekenntnis«, d. h. die formulierte Glaubenslehre, mit der eine reformatorische Kirche ihre Lehre festlegte und von anderen abgrenzte (vgl. Augsburger Konfession). Das Wort wurde in der Folgezeit auf die nachreformatorischen Teilkirchen übertragen (→ 7.7).

Grenzziehungen

Vom 16. bis ins 20. Jahrhundert trennten sich die Konfessionen in den westlichen Ländern stark voneinander ab; jede behauptete von sich, die alleingültige Ausprägung des christlichen Glaubens zu sein (Konfessionskriege, Konvertitenwerbung). Der Gegensatz zwischen den

Konfessionen prägte sich auch deshalb so stark aus, weil viele Fürsten die Einheit ihres Herrschaftsgebietes durch Bekenntnisgleichheit ihrer Untertanen herstellen wollten (»Cuius regio, eius religio«; Hugenottenkriege in Frankreich; anglikanische Staatskirche). So entstanden konfessionell geschlossene Siedlungsgebiete; die Angehörigen der anderen Konfessionen waren jeweils Fremde.

Da die Kirchen – zumindest seit dem 19. Jahrhundert – sich gemeinsam von der Entwicklung der technisch-wissenschaftlichen Zivilisation (→ 1.8) bedroht sehen, ist das Bewußtsein für verbindende Gemeinsamkeiten gewachsen. Dieser Prozeß wird verstärkt durch die gesellschaftliche Fluktuation (Abbau konfessionell einheitlicher Wohngebiete → 1.9).

Gemeinsamkeiten

Diese Entwicklung hat inzwischen zur Ökumenischen Bewegung und zu vielfältigen Formen der Zusammenarbeit geführt (Einheitsübersetzung des NT, Zusammenarbeit der caritativen Einrichtungen, ökumenische Gottesdienste). Dabei besinnt man sich stärker auf das, was die christlichen Kirchen verbindet:

– die Orientierung an der Bibel
– die Glaubensbekenntnisse der alten Kirche
– die Sakramente Taufe und Abendmahl
– die staatskirchenrechtliche Stellung (→ 4.9).

4.8 Kirche und Staat

In der römischen Antike und im Mittelalter haben sich Staat und Religion wechselseitig gestützt. Der Staat begründet sich religiös und der Kult ist Element staatlicher Selbstdarstellung (Kaiseropfer, Pontifex maximus, Kaiserkrönung, Monarchie von Gottes Gnaden . . .). – Dieser Sachverhalt verbindet heidnische Antike und christliches Mittelalter. Die Maßnahmen Konstantins des Großen sind in diesem Zusammenhang Bindeglied zwischen Antike und Mittelalter (→ 7.3).

Wandlungen im Verhältnis zwischen Staat und Kirche

In der Neuzeit – teilweise als Folge der Reformation (→ 7.7) – wird der Glaube stärker als persönliches Bekenntnis aufgefaßt; der öffentlich verbindliche Charakter der Religionsausübung geht im Zuge der Säkularisierung (→ 1.8; 4.10) mehr und mehr zurück. In dem Maß, in dem die Einheit von Kirche, Gesellschaft und Staat verlorengeht, wird es notwendig, die Beziehung zwischen Kirche und Staat verfassungsrechtlich zu regeln. Dabei bilden sich folgende Formen heraus:

Grundmodelle:
1. Staatskirche

Eine Religionsgemeinschaft wird zur maßgebenden und – vor anderen Religionen – rechtlich privilegierten Kirche. Mögliche Privilegien:

Nur diese Kirche hat das Recht, Religionsunterricht zu erteilen, Rundfunk- und Fernsehsendungen zu gestalten, Theologenausbildung an staatlichen Universitäten zu betreiben; eigene Steuerhoheit, Rechte der standesamtlichen Beurkundung usw. (Beispiel: die Orthodoxe Kirche in Griechenland; die Rolle der Kirche in den nordischen Ländern und in Großbritannien.)

2. Trennung von Kirche und Staat

Die Zugehörigkeit zu einer Religionsgemeinschaft wird zur Privatsache des Staatsbürgers. Der Staat registriert die Kirchenzugehörigkeit seiner Bürger nicht, und die Kirche erhält den Charakter einer privatrechtlichen Vereinigung. Damit entfallen: der Religionsunterricht an öffentlichen Schulen, Mitsprache und Repräsentanz im öffentlichen Leben. – Die Trennung von Kirche und Staat läßt atmosphärisch stark unterschiedliche Einstellungen von Staat und Religion zueinander zu. Während etwa in den Vereinigten Staaten von Nordamerika das Verhältnis zwischen Staat und den christlichen Gemeinschaften grundsätzlich wohlwollend und wechselseitig bestärkend ist, herrscht in dezidiert atheistischen Ländern eine kirchenfeindliche Haltung mit Formen der Behinderung oder indirekten Verfolgung (z. B. in der Tschechoslowakei). – Weitere Beispiele für die Trennung von Kirche und Staat: Frankreich, Mexiko.

3. Kooperationsmodell

→ 4.9: Staat und Kirche in der Bundesrepublik Deutschland.

4.9 Staat und Kirche in der Bundesrepublik Deutschland

Rechtliche Gestaltung

Die rechtliche Gestaltung der Beziehungen zwischen Staat und Kirche in der Bundesrepublik Deutschland ist im Grundgesetz (Art. 4,7 und 140), in den Verfassungen der Länder, in Konkordaten und zusätzlichen Kirchenverträgen grundgelegt.

Als wichtige Bestimmungen sind zu nennen:

- die Glaubens-, Gewissens- und Bekenntnisfreiheit,
- die Absage an eine Staatskirche,
- der Rechtsstatus der Kirchen als Körperschaften des öffentlichen Rechts,
- die Kooperation von Kirche und Staat in Bereichen von gemeinsamem Interesse (Kultus, Bildungswesen, Sozialwesen, Steuerrecht).

Man nennt diese Art der Beziehungen zwischen Kirche und Staat »*Kooperationsmodell*«.

	Was der Staat in der Bundesrepublik für die Kirche tut	Was die Kirche in der Bundesrepublik für die Gesellschaft tut
Elemente der Kooperation	– Einzug der Kirchensteuer – Zuschüsse zu caritativen, kulturellen und sonstigen Einrichtungen – Zuschüsse zur Jugendarbeit und zur Erwachsenenbildung – Sicherung des Religionsunterrichts und der Ausbildung der Religionslehrer und Theologen – Anhörung kirchlicher Vertreter bei Gesetzesvorhaben – Finanzierung der Militär- und Anstaltsseelsorge – Mitsprache bei Rundfunk und Fernsehen sowie Sendezeiten – Steuerfreiheit für Bistümer, Orden und Klöster	– Beratungsdienste (Lebens-, Eheberatung, Erziehungsberatung), Telefonseelsorge – Trägerschaft von Krankenhäusern, Altenheimen, Kindergärten, Kindertagesstätten, Ferienheimen, Stadtranderholung usw. – Beiträge zur Verständigung und ethischen Problemklärung in der Gesellschaft durch Akademien, Denkschriften, Stellungnahmen und Kanzelaufrufe – Denkmalpflege und Förderung der Kunst – Ausstrahlung in den sozialen und kulturellen Bereich (insbesondere durch Orden und Klöster, aber auch durch Akademien und Stiftungen) – Förderung der sozialen Zusammengehörigkeit und Verständigung (Pfarreien, kirchliche Vereinigungen, Pfarrfeste usw.) – Kirchliche Schulen und Bildungseinrichtungen

4.10 Kirche in der pluralen Gesellschaft

Neuzeitliche Entwicklungen

Die geistesgeschichtlichen und gesellschaftlichen Entwicklungen der Neuzeit (→ 1.8; 1.9) berühren auch die Stellung der christlichen Kirchen:

- Die moderne Gesellschaft ist plural, d. h. es bestehen in ihr mehrere weltanschauliche Überzeugungen gleichberechtigt nebeneinander. Das bedeutet gleichzeitig, daß christliche Deutungen und Wertungen nicht mehr als allgemein verbindlich anerkannt werden.

- Staat, Wirtschaft und Bildungswesen haben an Bedeutung gewonnen und entwickeln sich weitgehend außerhalb kirchlichen Einflusses.
- Die Zugehörigkeit zur Kirche ist verfassungsrechtlich – und weithin auch tatsächlich – der freien Entscheidung des einzelnen überlassen.

Diese Entwicklungen haben sich in den verschiedenen Ländern Europas unterschiedlich auf die christlichen Kirchen ausgewirkt. Dabei spielen Eigenentwicklungen der verschiedenen Nationen eine wichtige Rolle (Fremdherrschaft, Freiheitsrechte in der Verfassung, Tempo der Industrialisierung, vgl. Besonderheiten in Frankreich, Irland, Polen).

In der Bundesrepublik Deutschland stehen die Säkularisierungstendenzen in einer gewissen Spannung zu volkskirchlichen Traditionen, die weiterhin wirksam bleiben:

Volkskirchliche Traditionen

- die Mehrzahl der Kinder wird getauft;
- der Staat erhebt Kirchensteuer;
- trotz nachlassender innerer Bindung an die Kirche gehört die überwiegende Mehrzahl der Erwachsenen einer Kirche an;
- auch viele kirchendistanzierte Christen akzeptieren die Kirchen, weil sie ethische Traditionen der Kultur lebendig halten, weil sie Element der abendländischen Kulturtradition sind, weil die caritativen Leistungen der Kirchen Zustimmung finden, weil die kirchliche Mitwirkung bei Hochzeiten und Beerdigungen wünschenswert erscheint usw.
- Entsprechend haben die Kirchen verfassungsmäßig und gesetzlich gesicherte Ansprüche und Mitwirkungsrechte (→ 4.9).

Einstellung zur Kirche als persönliche Entscheidung

In vielen Fällen erleben Jugendliche folgende Spannung: Sie wachsen im Lebensgefühl und in den Gestaltungsformen einer säkularisierten Gesellschaft auf; gleichzeitig erfahren sie die Tradition und die Ansprüche der Volkskirche. Angesichts dieser Situation hängt die Einstellung zur Kirche stärker als früher von der persönlichen Entscheidung ab. Vermutlich werden auch in naher Zukunft die meisten Erwachsenen Mitglied einer christlichen Kirche sein; nur ein Teil wird aktiv am kirchlichen Leben teilnehmen. Diese Gruppe aber wird dies entschiedener und bewußter tun.

4.11 Katholische Kirchenverfassung

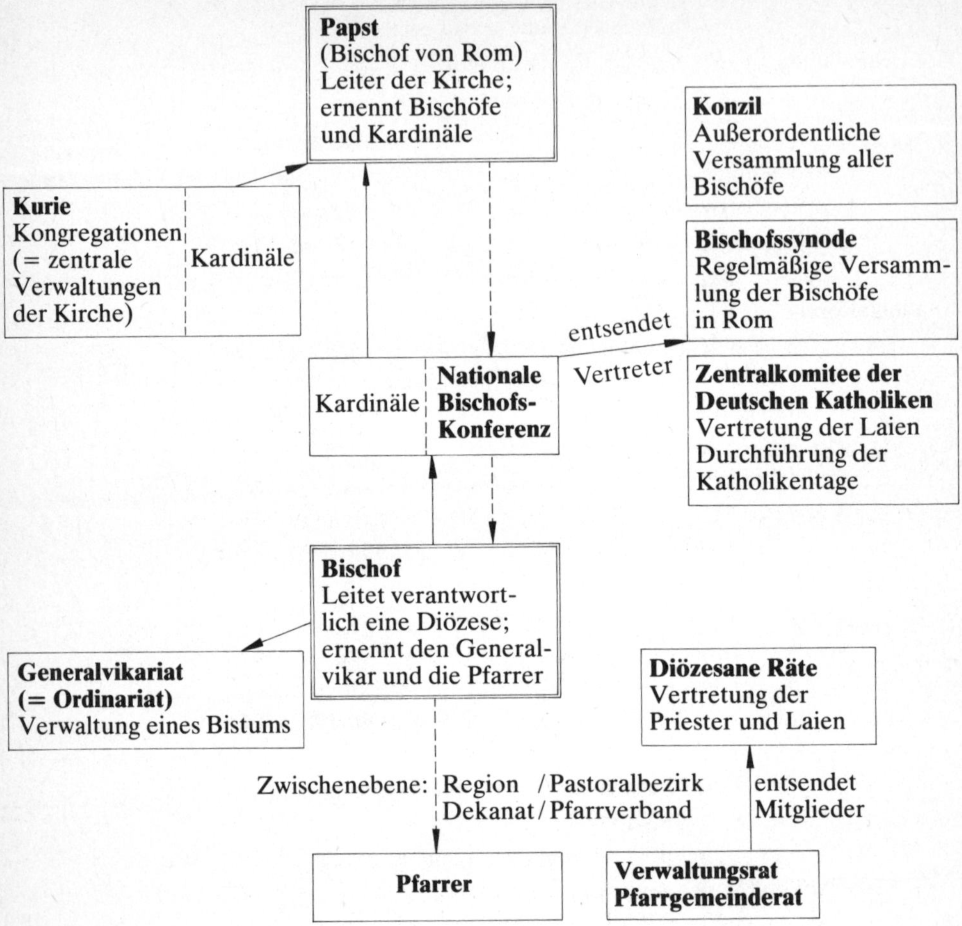
Papst
(Bischof von Rom)
Leiter der Kirche;
ernennt Bischöfe
und Kardinäle
Konzil
Außerordentliche
Versammlung aller
Bischöfe
Kurie
Kongregationen
(= zentrale
Verwaltungen
der Kirche)
Kardinäle
Bischofssynode
Regelmäßige Versammlung der Bischöfe
in Rom
entsendet
Vertreter
Kardinäle
Nationale
Bischofs-
Konferenz
Zentralkomitee der
Deutschen Katholiken
Vertretung der Laien
Durchführung der
Katholikentage
Bischof
Leitet verantwortlich eine Diözese;
ernennt den Generalvikar und die Pfarrer
Generalvikariat
(= Ordinariat)
Verwaltung eines Bistums
Diözesane Räte
Vertretung der
Priester und Laien
Zwischenebene: Region / Pastoralbezirk
Dekanat / Pfarrverband
entsendet
Mitglieder
Pfarrer
Verwaltungsrat
Pfarrgemeinderat

4.12 Evangelische Kirchenverfassung

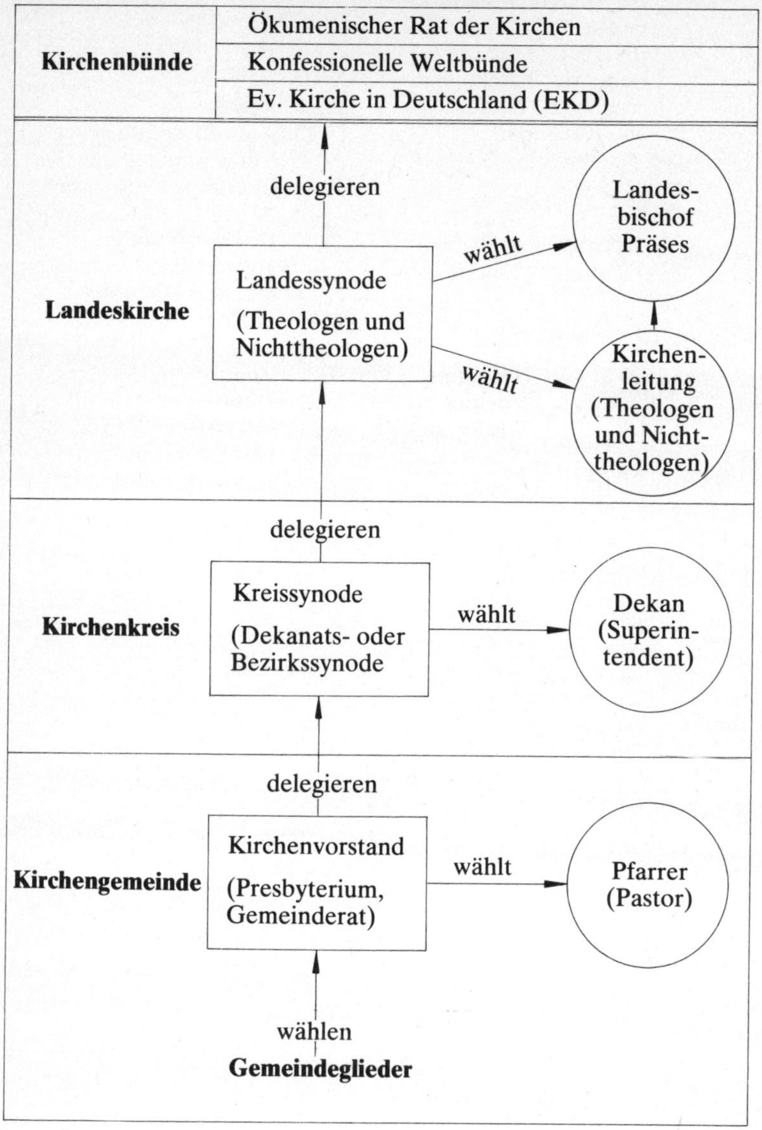

4.13 Entstehung der größeren Konfessionen

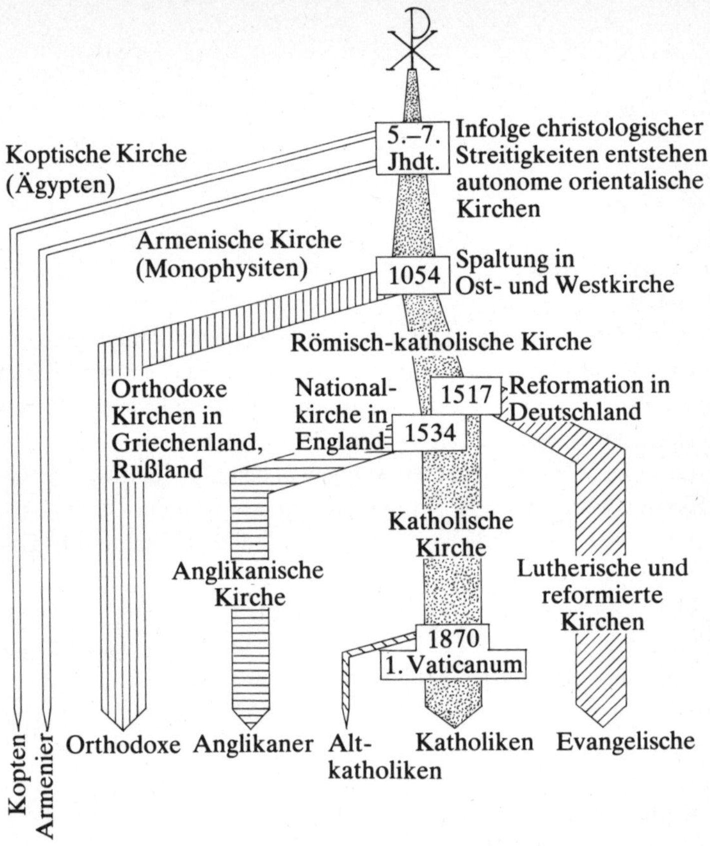

5 Ethik

5.1 Wozu Ethik?

Braucht der Mensch Ethik?

Offensichtlich leiden viele Menschen unter den Einschränkungen, die eine fortgeschrittene Zivilisation fordert. Immer wieder wird daher vorgeschlagen, man solle zum einfachen und natürlichen Leben zurückkehren. Einige Vertreter dieses Standpunkts hoffen sogar, daß sich dann die ursprünglich guten Anlagen unbehindert entfalten (z. B. Rousseau), so daß ethische Normen überflüssig werden. Diese Hoffnung übersieht wesentliche Bedingungen des menschlichen Lebens:

Instinktreduktion

Im Gegensatz zu den Tieren ist beim Menschen die Instinktsteuerung erheblich eingeschränkt. Zur Sicherung des eigenen Verhaltens und zur Regelung des Zusammenlebens bedarf der Mensch ethischer Normen. Dadurch wird die Instinktreduktion ausgeglichen; der Mensch wird zur Motivation und zur Regulation seines Verhaltens aus ethischer Einsicht genötigt.

Verlust einer natürlichen Umwelt

Das Verhalten der Tiere wird weithin ausgelöst und gesteuert durch Reize ihrer natürlichen Umwelt. Durch das Leben in der Zivilisation sind für den Menschen solche Umweltreize vermindert. Die Motivation für sozial angemessenes oder wertvolles Verhalten muß der Mensch daher erwerben (Erziehung, Schule, Beruf).

Auseinandertreten von Merkwelt und Wirkwelt

Diese Situation verschärft sich in der modernen Zivilisation. Die mit den Sinnen wahrnehmbare Wirklichkeit (»Merkwelt«) hat sich teilweise von jener Wirklichkeit abgelöst, auf die sich unser Handeln auswirkt (»Wirkwelt«). So entfallen natürliche Tötungshemmungen, wenn der verantwortliche Täter die Folgen seines Handelns, Leiden und Tod von Menschen, nicht mehr unmittelbar erlebt.

Komplexität von Zukunftsentscheidungen

Indirekt sind wir herausgefordert durch Probleme, die unseren Lebensbereich überschreiten: Überbevölkerung der Erde, Zerstörung der Umwelt, Gefährdung des Friedens, strukturelle Arbeitslosigkeit und die Verelendung der Dritten Welt. Indem der einzelne sich an der politischen Meinungsbildung beteiligt, übernimmt er im Ansatz Mitverantwortung für die Lösung dieser Probleme. Lösungen sind aber nur möglich, wenn sehr viele Faktoren analysiert und bedacht werden. Vernunft, Einsicht und Verantwortungsgefühl sind gefordert; guter Wille und traditionelles Lösungsverhalten genügen zumeist nicht.

Wandel der Moral

Aber auch im privaten Leben verspüren wir die Auflösung überlieferter Normen und das Absterben von Traditionen, die bisher das Verhalten geregelt haben. Der Wandel der Normen, der nicht zuletzt auf Veränderungen durch Wissenschaft und Technik zurückgeht, wirft die Frage auf, welches Verhalten sinnvoll und lebensfördernd ist.

Notwendigkeit der ethischen Reflexion

Aus diesen Zusammenhängen heraus ist eine Ethik als systematische Reflexion über Werte und Normen notwendig. Diese Behauptung schließt die Forderung ein, daß sich der Mensch grundsätzlich zwischen verschiedenen Möglichkeiten des Handelns entscheiden kann und daß er grundsätzlich in der Lage ist, seiner besseren Einsicht zu folgen (→ 5.7). Diese grundlegende Freiheit wird faktisch aber eingeschränkt durch die dargestellte Komplexität der Entscheidungen. Wenn ein Mensch die Fähigkeit zu verantwortetem Handeln zurückgewinnen will, bedarf er der Unterstützung durch wissenschaftlich begründete Reflexion.

5.2 Was ist Ethik?

Definition

Ethik (griech. *ethos* = Sitte, Charakter) ist zunächst die Lehre vom richtigen Verhalten. Was unter richtigem Verhalten verstanden wird, hängt davon ab, welche Werte ein ethisches System für das menschliche Leben als zentral ansieht: z. B. Gerechtigkeit, Freiheit, Frieden, Entfaltung der Persönlichkeit usw. (→ 5.3).

Die ethische Reflexion ist systematisch und methodisch betrieben in der Philosophie (Praktische Philosophie) und in der Theologie (Moraltheologie/Theologische Ethik). Solche ethische Reflexion ist insbesondere gefordert, wenn überkommene Lebensformen und Institutionen ihre selbstverständliche Geltung verlieren.

Philosophische Ethik

Die philosophische Ethik unternimmt es, durch systematische Reflexion zu klären,

- was unter einem sinnvollen Leben verstanden werden kann,
- welche Werte den Vorrang vor anderen verdienen,
- welche Normen gelten sollen,
- und wie diese sich begründen lassen.

Maßstäbe für die philosophische Ethik sind die Vernunft und die

Tradition der Philosophiegeschichte (z. B. Sokrates, Aristoteles, Kant...).

Theologische Ethik

Die theologische Ethik versteht sich als Versuch, aus dem christlichen Glauben Konsequenzen für christliches Handeln zu ziehen. Für die *katholische Ethik* (Moraltheologie) sind dabei drei Quellen der Erkenntnis maßgebend:

- die Vernunfteinsicht (ähnlich der Philosophie),
- die biblischen Schriften,
- die Tradition der Glaubensgemeinschaft, insbesondere des Lehramts.

Die *evangelische Ethik* versteht sich demgegenüber vor allem als Auslegung der Heiligen Schrift angesichts der heutigen Lebenswirklichkeit.

5.3 Ethische Richtungen

Was leisten ethische Systeme?

Gespräche über umstrittene ethische Fragen verlaufen häufig leidenschaftlich. Oft bleiben die Standpunkte unversöhnt, obwohl der Verständigungswille da war. Die Ursache für diese Schwierigkeit liegt wohl darin, daß ethische Normen in letzten Wertentscheidungen begründet sind. Die Diskussionen über ethische Fragen beschränken sich aber oft auf Argumente zu einem konkreten Sachverhalt und blenden die Ebene der letzten Wertentscheidungen aus.

Ethische Systeme versuchen demgegenüber, Werte und Normen umfassend zu begründen. Sie erläutern im einzelnen

- eine Auffassung vom Menschen,
- eine Vorstellung von der menschlichen Gemeinschaft bzw. vom Staat und seinen Aufgaben,
- höchste Werte,
- Normen als Imperative menschlichen Verhaltens.

Ausgeprägte ethische Systeme sind beispielsweise:

1. Eudämonismus

Ethische Richtungen, die in der Glückseligkeit (griech.: *eudämonía)* den höchsten Wert und das letzte Ziel menschlichen Handelns erblikken. Was dabei unter »Glückseligkeit« verstanden wird, ist unterschiedlich.

Sofern die subjektive Neigung und die Lust zu höchsten Werten erhoben werden, spricht man vom *Hedonismus* (griech.: *hedonä* = Lust). – In der Antike vertrat Epikur die Meinung, es sei das Ziel des Menschen, Freude zu suchen und Leid zu meiden. Als Lebensideal bezeichnet er das vernünftige Genießen. Dazu verhelfen das rechte Maß und die Entfaltung des Geschmacks. So gelten auch die geistigen

Freuden, die aus der Beschäftigung mit Wissenschaft oder Kunst erwachsen, als dauerhafter und weniger mit Übeln behaftet als die Lustgefühle, die das Triebleben begleiten.

2. Utilitarismus

Auch der *Utilitarismus* setzt das Glück (= Erfüllung menschlicher Bedürfnisse) als höchsten Wert ein. Er dehnt diese Zielvorstellung jedoch auf die Gesellschaft im ganzen aus: das größte Glück für die größte Zahl ist anzustreben (Jeremy Bentham). Für die Bewertung einer Handlung sind aber nicht Gesinnung oder Ideale maßgebend, sondern die Folgen. Die Folgen einer Handlung sind dann gut, wenn sie den größtmöglichen Nutzen bringt. – Mehrere Philosophen dieser Schule gehen davon aus, daß es im allgemeinen keinen Widerspruch zwischen dem Nutzen für den einzelnen und dem Nutzen für die Allgemeinheit gibt. Falls ein solcher Widerspruch aber auftritt, soll er zugunsten des größten Nutzens für die Allgemeinheit entschieden werden.

Oft als »Nützlichkeitsmoral« abgestempelt, entwickelte sich der Utilitarismus in den angelsächsischen Ländern zu einem differenzierten Instrument empirisch-rationaler Normbegründung und Gesellschaftsreform. – Die Stärke des Utilitarismus beruht darauf, daß er rationale Elemente (Nützlichkeitsprinzip) und empirische Bemühungen (Kenntnisse über die Folgen einer Handlung und deren Bedeutung für das Wohlergehen der Betroffenen) miteinander verbindet. Dieser rational-pragmatische Charakter trägt wesentlich zur Verbreitung des Utilitarismus in der gegenwärtigen philosophischen Ethik bei.

3. Formale Pflichtethik

Man kann das sittlich Gute in der Entfaltung des Natürlichen im Menschen sehen. Wenn der Mensch seine – von Natur aus guten – Anlagen entfaltet, lebt er richtig (vgl. Rousseau). – Diesem Optimismus steht die Erfahrung gegenüber, daß der Mensch auch zu Bosheit und Verbrechen fähig ist. Sittliches Handeln ergibt sich damit nicht aus der Entfaltung der natürlichen Anlagen, sondern es erwächst aus den Grundsätzen, die der Mensch sich oder anderen auferlegt. Diese Aufforderung zielt auf die Überformung der natürlichen Antriebe durch die sittliche Verpflichtung.

Für *Kant* müssen die sittlichen Pflichten aus der autonomen Vernunft gewonnen werden. Die so begründeten Grundsätze können nur allgemein gültig sein, wenn das Wohl aller ihr Orientierungspunkt ist.

Diesen Zusammenhang stellt auch der *kategorische Imperativ* her:

> *»Handle nur nach derjenigen Maxime, durch die du zugleich wollen kannst, daß sie ein allgemeines Gesetz werde.«*

Formal nennt man diese Ethik, weil sie keine sittlichen Inhalte (z. B. Gerechtigkeit, Freiheit, Liebe) als höchste Werte benennt; deshalb ist sie auch offen für die Anwendung in unterschiedlichen Situationen.

4. Naturrechtsethik

Aus der in der Natur wahrgenommenen Ordnung und Gesetzmäßigkeit folgerte man, daß die Welt durch eine ihr zugrundeliegende Setzung strukturiert sei. Diese Ordnung werde sichtbar in den astronomischen, physikalischen und biologischen Gesetzmäßigkeiten der Welt. Diese Ordnung wird vom Menschen als Sicherung und als Abwendung des Chaos empfunden. – Ähnlich wie die Natur durch allgemeingültige Gesetze geordnet ist, so unterliegt das menschliche Leben allgemeingültigen Gesetzmäßigkeiten.

Die Gesetzmäßigkeiten lassen sich ermitteln durch Einsicht in das menschliche Leben. Aus derartigen Einsichten schließen die Naturrechtsethiker auf das (idealisierte) Wesen des Menschen und gewinnen daraus allgemeingültige Normen. Ein Beispiel: In vielen Situationen beklagen sich Menschen, daß sie ungerecht behandelt werden. Das Verlangen nach Gerechtigkeit scheint damit zum Wesen des Menschen zu gehören. Der Staat und jeder einzelne haben die Verpflichtung, gerecht zu handeln. Was Gerechtigkeit in einer bestimmten Situation ist – z. B. gerechter Lohn –, ergibt sich aus Vernunft und Erfahrung.

Solche Denkansätze wurden schon in der antiken Philosophie durch die Stoa entwickelt, d. h. durch die Philosophen-Schule, die sich auf Aristoteles berief. Das christlich-philosophische Denken konnte diese Argumentationsweise übernehmen, indem es die Natur auf einen Schöpfergott zurückführte. Damit wurden Normen, die – mit Hilfe der Vernunft – aus der Natur gewonnen wurden, zugleich als Äußerungen des göttlichen Willens verstanden.

Mit den fundamentalen Veränderungen der Neuzeit gerät das Naturrechts-Denken in eine Abwehrstellung:

- Die Autonomie des Menschen gegenüber der Tradition und Natur wird bewußt;
- Geschichtlichkeit von Denken und Moral werden entdeckt;
- mit der Ausbreitung eines naturwissenschaftlichen Weltverständnisses wird der Begriff der Natur als Idealisierung durchschaut.

Damit wirkt die Behauptung unglaubwürdig, sittliche Normen seien unveränderlich wie die Ordnung der Natur gegeben.

Obwohl man also sagen kann, daß die Ableitung einer sittlichen Forderung aus der natürlichen Ordnung problematisch ist, behält dieser Denkansatz eine gewisse Berechtigung. Es gibt nämlich Verhaltensweisen und ethische Prinzipien, die sich in der Geschichte der Menschheit durchgesetzt und über längere Zeiträume bewährt haben: Ehe als Lebensform, Gerechtigkeit, Freiheit, Recht auf Leben, Wahrhaftigkeit usw. Diese Bewährung wirkt zugleich legitimierend, d. h. diese Werte sind gesellschaftlich anerkannt, und wer sie infragestellt, trägt die Beweislast.

5. Marxistische Ethik

Für Karl Marx steht fest, daß sich die Normen des Zusammenlebens in der Geschichte verändern. Die Ursache dafür sieht er im geschichtlichen Wandel der Besitz- und Herrschaftsverhältnisse. Er geht davon aus, daß die Moral jeweils den Herrschenden dient: Der Schutz des Privateigentums sichert die Besitz- und Produktionsverhältnisse des Kapitalismus. Dadurch werden die Gruppen, die keine Produktionsmittel innehaben, benachteiligt. Ziel der sozialistischen Moral ist es deshalb, die Herrschaft von Menschen über Menschen abzuschaffen, so daß die Verfügung des einzelnen über seine Arbeit und sein Leben wieder möglich werden. Freiheit und Selbstverwirklichung sind nach Marx aber nur herbeizuführen, wenn zuvor Besitz- und Herrschaftsverhältnisse geändert werden. Diese Vorstellung wird begründet von der Hoffnung auf eine ideale (die kommunistische) Gesellschaft, in der die Selbstbestimmung des einzelnen und das Wohl der Allgemeinheit zusammenfallen.

Auf dem Weg zum Kommunismus ist ein weitgehender Bewußtseinswandel notwendig: Durch tiefgreifende Veränderungen des Rechts und des Alltags sollen die Bürger Tugenden der Solidarität erwerben und bürgerlich-kapitalistische Einstellungen überwinden. Die Steuerung dieser Entwicklung liegt in der Hand der Kommunistischen Partei, die aus der Einsicht in den geschichtlichen Prozeß beansprucht, das Richtige anzuordnen.

5.4 Ethos des Alten Testaments

Vor dem Hintergrund säkularisierter Welterfahrung (→ 1.8) spiegelt das AT Lebensverhältnisse, in denen Gottesglaube, Kult und sittliche Verpflichtung unmittelbar zusammengehören. Aus heutiger Sicht enthält das AT vor allem folgende ethische Schwerpunkte:

1. Der Dekalog (»Zehn Gebote«)

Eingebettet in die Erzählung vom Bundesschluß am Sinai sind grundlegende sittliche Verpflichtungen im *Dekalog* (Ex 20,2–17; Dt 5,6–21) niedergelegt:

Geschützt ist der Monotheismus (»Erste Tafel« des Dekalogs). Die notwendigen Normen für das Zusammenleben formuliert die »Zweite Tafel«: die Wohlfahrt der Eltern im Alter, den Schutz des Lebens, des Eigentums, der Ehe und der Wahrheitsfindung vor Gericht.

Die Besonderheit des Dekalogs besteht darin, daß der Glaube an Gott soziale Pflichten einschließt, so daß wesentliche Teile der Ethik im Willen Gottes begründet sind.

2. Entfaltung des Dekalogs im Dtn

Das Buch Deuteronomium (→ 6.2), das vermutlich im 7. Jhdt. v. Chr. abgefaßt wurde, bettet den Dekalog in einen größeren Zusam-

menhang ein. Jetzt wird entfaltet, welchen Umfang die sittliche Verpflichtung annimmt, die sich aus dem Glauben an Gott ergibt, der an Gerechtigkeit und am Wohl des Menschen interessiert ist.
Bis ins einzelne werden Regelungen für alle Bereiche des damaligen privaten, öffentlichen und religiösen Lebens getroffen. Beispielsweise: die Verpflichtung zur Nachbarschaftshilfe (22,4), die Befreiung Neuvermählter vom Kriegsdienst (24,5), das Verbot der Sippenhaft (24,16), der Schutz der sozial Schwachen – der Fremden, Waisen und Witwen (24,17f.); aber auch der Schutz der Tiere und der Natur: eine Vogelmutter, die ihre Brut pflegt, darf nicht gefangen werden (22,6f.), dem Ochsen soll man beim Dreschen keinen Maulkorb anlegen (25,4), und der Baumbestand des Feindes soll im Kriege geschont werden (20,19f.).

3. Prophetische Kritik

Wie alle Institutionen neigt auch die Religion zur Erstarrung. Sie fügt sich ein in die gesellschaftlichen Gewohnheiten und erklärt allzu leicht das Bestehende zur gottgegebenen Ordnung. Gottesverehrung wird leicht zur Routine des Gottesdienstes, und die Amtsträger der Religion erhalten selbst eine bevorzugte Stellung in der Gesellschaft.
Gegen diese Erstarrung der Religion treten immer wieder Kritiker und Reformer auf. Ein Teil dieser religiös begründeten Kritik am Judentum wird von den Propheten formuliert. Insbesondere Amos und Hosea betonen die soziale Verpflichtung des Glaubens an Jahwe: Der Gottesdienst wird zur Lüge und zur Beleidigung Gottes, wenn er Unrecht und Unterdrückung zudeckt. Darüber hinaus betonen viele Propheten, daß der Glaube nicht nur ein äußerer Vollzug ist, sondern die aus innerer Leidenschaft erwachsene Parteinahme für die Sache Jahwes.
Aus heutiger Sicht gehören die Propheten zu den frühesten Vertretern einer Ethik, die die Verantwortung und die Rechte des einzelnen hervorhebt.

Schwierigkeiten der Übertragung

Wer die ethischen Ratschläge des AT auf die Gegenwart übertragen will, steht vor drei Schwierigkeiten:
a) Kulturgeschichtliche Differenz: Wir leben in einer technisch-industriellen Welt. Regelungen, die sich im Agrarzeitalter bewährt haben, können nicht unmittelbar übernommen werden.
b) Religionsgeschichtliche Differenz: Durch die Wirkung Jesu und die christliche Religion hat sich unsere Sicht des AT verschoben.
c) Geistesgeschichtliche Differenz: Durch Säkularisierung weiter Lebensbereiche werden auch sittliche Forderungen weitgehend profan begründet.
Trotz dieser Differenzen behalten zentrale Grundsätze des AT ihren Verpflichtungscharakter; vor allem:

- die Verbindung von Gottesverehrung und Sittlichkeit,
- der Schutz von Leben, Eigentum und Wahrheit,
- die Verpflichtung zur Gerechtigkeit und zum Schutz der Schwachen.

5.5 Die ethische Botschaft Jesu

Voraussetzungen

Jesus war kein Theologieprofessor; er hat kein Buch hinterlassen, in dem er seine ethischen Auffassungen vertreten hat. Als prophetischer Wanderprediger hat er zu verschiedenen Anlässen Gleichnisse erzählt, deren zentrales Motiv die anbrechende Gottesherrschaft (→ 3.4) ist. In sprichwortartiger Form hat er Impulse zu einer Lebensgestaltung gegeben, die im Glauben an das Reich Gottes wurzelt (vgl. vor allem die Bergpredigt). Darüberhinaus hat Jesus in seinem Verhalten gegenüber anderen Menschen und in zeichenhaften Wundertaten seine ethischen Überzeugungen praktisch gelebt (vgl. sein Erbarmen mit den Sündern, seine Zuwendung zu den mißachteten Gruppen der damaligen Gesellschaft, seine Heilungen und Dämonenaustreibungen).

Worte und Taten Jesu sind aber nicht in geschichtsgetreuen Berichten überliefert, sondern in den Glaubenszeugnissen der Evangelien (→ 6.3), die das historisch Überlieferte bereits aus der nachösterlichen Perspektive interpretieren und auf die Situation der Gemeinden zwischen 70 und 120 n. Chr. anwenden. Jede Darstellung einer neutestamentlichen Ethik ist also eine Interpretation, die je nach dem theologischen Standpunkt des Auslegers andere Akzente tragen kann.

1. Anknüpfung an das alttestamentliche Ethos

Jesus war Jude. Er wollte das von Gott gegebene alttestamentliche Gesetz keineswegs abschaffen; vielmehr setzt er es voraus und beruft sich immer wieder auf Worte der Schrift: »Denkt nicht, ich sei gekommen, um das Gesetz und die Propheten aufzuheben. Ich bin nicht gekommen, um aufzuheben, sondern um zu erfüllen« (Mt 5,17). Diese Haltung gilt insbesondere gegenüber dem *Dekalog* (→ 5.4). Von den zentralen ethischen Grundsätzen des Judentums übernimmt Jesus aber auch die Forderung nach *Nächstenliebe* sowie die *»Goldene Regel«:* »Alles, was ihr also von den anderen erwartet, das tut auch ihnen!« (Mt 7,12).

2. Kritik und Überschreitung des alttestamentlichen Ethos

Jesu Kritik und Überschreitung des alttestamentlichen Ethos zeigen sich in folgendem Verhalten:
- Jesus übernimmt nicht die *»Überlieferung der Alten«* (Mk 7,3), jene Auslegung der Tora durch die Gesetzeslehrer, deren Vor-

schriften als ebenso verpflichtend angesehen wurden wie die in der Bibel fixierten Gebote.

- Jesus setzt sich über *Sabbatvorschriften* hinweg, wenn es um das Wohl von Menschen geht: »Denn der Sabbat ist für den Menschen da, nicht der Mensch für den Sabbat« (Mk 2,27).
- Jesus lehnt die kultischen *Reinheitsvorschriften* des Judentums ab: »Nichts, was von außen in den Menschen hineinkommt, kann ihn unrein machen, sondern was aus dem Menschen herauskommt, das macht ihn unrein« (Mk 7,15).
- Jesus stellt den zeitgenössischen *Tempelkult* mit seinen Tieropfern, der Tempelsteuer und dem Kult- und Sühnewesen in Frage. Diese Haltung findet ihren symbolischen Ausdruck in der Tempelreinigung (Mk 11,15–19 parr).

3. Der neue Ansatz

Der neue Ansatz Jesu liegt in seiner Predigt von der anbrechenden Gottesherrschaft. Demgemäß tritt bei Jesus der Heilswille Gottes (→ 2.7) in den Vordergrund; dieser begründet zugleich ein neues Existenzverständnis des Menschen: Der Mensch unter der Herrschaft Gottes sieht sein Leben umfangen von der Liebe und Sorge Gottes und ist deshalb fähig, auch anderen Menschen mit einem ähnlichen Vertrauen zu begegnen, das innerweltlich nicht mehr begründet werden kann.

Unter diesen Voraussetzungen sind auch die Forderungen der Bergpredigt zu verstehen: Der Aufruf zu Barmherzigkeit, Sanftmut, Friedfertigkeit, Verzicht auf Vergeltung, Aufrichtigkeit der Gesinnung, Hingabe, Vertrauen u. a. m. Auch das Hauptgebot der Liebe ist in dieser Sicht eine Zusammenfassung der sittlichen Botschaft Jesu. Es wird radikalisiert zur Forderung nach Feindesliebe, die die Überwindung persönlicher, gesellschaftlicher und nationaler Gegensätze anstrebt. Auch hier liegt die tiefere Begründung darin, daß vor Gott solche Begrenzungen menschlichen Zusammenlebens aufgehoben sind.

4. Die sittliche Botschaft Jesu im heutigen Horizont

Die Frage, wie die extremen Forderungen Jesu angesichts der Realitäten des gesellschaftlichen und politischen Lebens auszulegen und anzuwenden sind, hat seit jeher die Gläubigen beschäftigt. Dabei hat sich eine Interpretationsbreite ergeben, die vom Versuch reicht, die Ethik Jesu als normative Regelung für das individuelle und gesellschaftliche Leben wörtlich zu nehmen, bis hin zu Haltungen, die die Verwirklichung dieser Ethik erst im vollendeten Gottesreich für möglich halten. In der gegenwärtigen Bibelwissenschaft findet man eine weitgehende Übereinstimmung in folgenden Bewertungen:

Die ethischen Aussagen Jesu sind nicht als starres Gesetz zu verstehen. Sie ermöglichen und erfordern vielmehr eine jeweils neue Interpretation. Sie sind offen und flexibel; deshalb bezeichnet man sie als »Modelle«, »Perspektiven«, »Weisungen« oder Handlungsentwürfe, die den Hintergrund und die Orientierung für das menschliche Handeln darstellen sollen. Insofern sind sie verpflichtend; zugleich eröffnen sie der menschlichen Phantasie wesentlich mehr Raum zu verantwortlichem Handeln als ein System von Geboten und Verboten.

5.6 Normfindung und Normbegründung

Wandel der Moral

Mit der Industrialisierung im 19. Jahrhundert beginnt eine umfassende Veränderung der Lebensverhältnisse. – In vielen Bereichen des persönlichen und gesellschaftlichen Lebens scheinen die überkommenen Normen sich nicht mehr zu bewähren. Zugleich prägen sich Handlungsfelder aus, die nicht im Blickfeld biblischer bzw. naturrechtlicher Ethik lagen (Industriearbeit, Freizeit, Familienplanung, ökologische Belastung, Krieg und Frieden im Atomzeitalter, gesellschaftliche Beteiligungsrechte und Legitimation der staatlichen Macht etc.).

Ein Modell ethischer Argumentation

Diese Krise der Moral verlangt auch von der Theologie die Suche nach neuen Normen und neuen Begründungszusammenhängen. Dabei hat in den letzten Jahren *Alfons Auers* Konzept einer »Autonomen Moral im christlichen Kontext« die stärkste Beachtung gefunden. – Nach ihm vollzieht sich eine ethische Problemklärung in folgenden Schritten:

1. Erhebung des Vorverständnisses: Durch Reflexion oder durch gezielte Befragung kann ermittelt werden, wie im Hinblick auf ein bestimmtes Problem gehandelt wird und wie diese Handlungsweise eingeschätzt wird. Dabei tritt vielfach hervor, wie ungesichert und umstritten Auffassungen und Verhaltensweisen sind.

2. Wissenschaftliche Rechenschaft über die anstehende Entscheidung

2.1 In der Absicht, eine Klärung über die anstehende Entscheidung zu gewinnen, sucht man Auskünfte bei den infragekommenden Human- und Sozialwissenschaften (z. B. Philosophie, Soziologie, Psychologie, Verhaltensbiologie usw.).

2.2 Die Teilantworten der genannten Wissenschaften sind aus sich heraus häufig widersprüchlich oder auch wertneutral. Deshalb ist die Klärung notwendig, von welchem Menschenbild und von welchen Leitvorstellungen her die ethische Entscheidung gewonnen werden soll (anthropologische Klärung).

2.3 Erst jetzt kann sachgerecht und mit der nötigen Gewichtung die eigentlich ethische Fragestellung formuliert werden: Welche Verhal-

tensweisen erweisen sich – vor dem Hintergrund der Humanwissenschaften bzw. der Anthropologie – als erlaubt bzw. als gefordert?
3. Die christliche Ethik löst diese Argumentationsreihe nicht durch fertige Antworten auf, sondern ist normativer Teil im Prozeß der Urteilsbildung, indem sie
- Verhaltensweisen kritisiert, die dem Anspruch des christlichen Menschenbildes nicht gerecht werden *(kritische Funktion)*
- zur Suche nach besseren Lösungen motiviert *(stimulierende Funktion)*
- übergreifende Sinnzusammenhänge in Erinnerung ruft und so Einzelentscheidungen einbindet in die christliche Deutung des Lebens im ganzen *(integrierende Funktion)*.

Offene Fragen

Nach dieser Auffassung ist die christliche Ethik der Sonderfall einer humanen Moral. Ihre Merkmale sind Offenheit und Revidierbarkeit. Es werden gegenwärtig vor allem zwei Probleme weiterdiskutiert:
- Berücksichtigt die »autonome Moral« in ausreichender Weise inhaltliche Festlegungen der biblisch-christlichen Ethik?
- Falls dies bejaht werden kann: Bleibt angesichts der biblischen Vorgaben noch genügend Raum für eine »autonome« Entscheidung des Menschen?

5.7 Freiheit

Erfahrungen der Unfreiheit

Die Frage, ob der Mensch in seinen Entscheidungen und Handlungen frei sei, kann in grundsätzlicher Eindeutigkeit nicht beantwortet werden. Für die These, daß der Mensch nicht frei ist, sprechen folgende Sachverhalte und Erfahrungen:
- die genetische Ausstattung und Fixierung,
- die durch Familie und Erziehung in der frühen Kindheit grundgelegte Persönlichkeitsstruktur,
- die Abhängigkeit von der sozialen Schicht und der Gruppe, der man zugehört,
- die Triebstruktur und das körperliche Befinden.

Erfahrungen der Freiheit

Umgekehrt wird die Erfahrung, daß der Mensch grundsätzlich frei handeln kann, bestätigt durch
- das subjektive Gefühl der Verantwortlichkeit und des Entscheidungsspielraums,
- die Erfahrung der Veränderung der Person und der Reifung als Mensch,
- den Widerspruch gegen gesellschaftliche Normen und Selbstverständlichkeiten,

– die bewußte Orientierung an selbstgesteckten Zielen und die Selbsterziehung,
– die spontane oder reflektierte Verurteilung und Schuldzuweisung.

Die Annahme menschlicher Freiheit ist zudem eine wichtige Voraussetzung für Rechtsprechung und Erziehungswesen.

Fazit

Wir wissen also heute deutlicher als frühere Generationen, in welch hohem Maß der Mensch determiniert ist. Gleichzeitig aber kann diese Determination durchschaut bzw. nach der Analyse bewußt durchbrochen werden. Diesen Zwiespalt spiegelt die Definition, die Sartre formuliert hat: »Freiheit ist das, was der Mensch aus dem macht, was die Verhältnisse aus ihm gemacht haben.«

5.8 Gewissen

Äußerungen des Gewissens

Was das Gewissen ist, glauben wir aus seinen Äußerungen erschließen zu können. Wir vernehmen das Gewissen als inneren Anspruch, der zum Guten mahnt und vom Bösen abrät. Wir schätzen das Gewissen als »sanftes Ruhekissen«, wenn wir von der Unbedenklichkeit und Richtigkeit unseres Tuns überzeugt sind, und wir leiden unter »Gewissensbissen«, wenn wir gegen Normen, die wir als verpflichtend betrachten, verstoßen haben. In diesen Äußerungen erscheint das Gewissen als innere Stimme, die das sittliche Verhalten bewertend begleitet, oder als »innerer Gerichtshof«, der unsere Taten beurteilt.

In Grenzsituationen erfahren wir das Gewissen aber auch als eine Instanz, auf die sich Menschen mit letzter Verbindlichkeit berufen und für dessen Spruch sie absolute Anerkennung fordern. Auf ihr Gewissen berufen sich Wehrdienstverweigerer; aber auch Märtyrer und Widerstandskämpfer haben in ihren Gewissensüberzeugungen einen letzten Maßstab für ihr Handeln gefunden.

Solche Erfahrungen haben sich im Nachdenken über das Gewissen zu Theorien erweitert, in denen vor allem die Fragen nach Entstehung, Wesen und Verbindlichkeit des Gewissens wichtig wurden. Vereinfachend lassen sich folgende Auffassungen unterscheiden:

Deutungen des Gewissens

1. Neuere, an der Psychoanalyse und den Gesellschaftswissenschaften orientierte Schulen neigen dazu, im Gewissen einen Niederschlag der Normen der Erziehung und der Gesellschaft zu sehen. Besonders einflußreich ist in diesem Zusammenhang Sigmund Freud geworden, der das Gewissen als die Summe der richterlichen Funktionen des *Über-Ichs* bezeichnet. In der Anthropologie Freuds ist das Über-Ich eine seelische Instanz, in der die normativen

Autoritäten der Außenwelt – vor allem die Eltern – als Teil der eigenen Psyche weiterleben. Das Über-Ich setzt als Gewissen die Tätigkeit jener Personen fort, indem es Befehle gibt, das Ich richtet und mit Strafen bedroht.

2. Gegenüber solchen Herleitungen des Gewissensanspruches aus der Umwelt sehen personale Deutungen im Gewissen eher den *Kern der sittlichen Persönlichkeit*. Das Gewissen ist der Träger weltanschaulicher Überzeugungen und das Organ sittlicher Urteilsbildung. Das so verstandene Gewissen ist die Voraussetzung für die Würde und Freiheit des Einzelnen und sichert diesem eine gewisse Autonomie gegenüber den Ansprüchen der Außenwelt. In der Tradition solcher Gewissensauslegung bewegt sich auch das Grundgesetz, wenn es »die Freiheit des Glaubens, des Gewissens und die Freiheit des religiösen und weltanschaulichen Bekenntnisses« schützt (Art. 4.1), den Gewissensvorbehalt beim Kriegsdienst mit der Waffe zuläßt (Art. 4.3) und die Abgeordneten des Deutschen Bundestages in ihren Entscheidungen nur ihrem Gewissen unterworfen erklärt (Art. 38).
3. Die hohe Wertschätzung des Gewissens in der ethischen Tradition läßt sich auf religiöse Überzeugungen zurückführen. Paulus (Röm 2,14–16) sieht im Gewissen eine natürliche Anlage; in ihm erfahren auch Heiden, die das geoffenbarte Gesetz nicht kennen, den Willen Gottes. Weil das Gewissen gemeinsame Erfahrung aller Menschen ist, weil es grundlegende Sollensforderungen in ähnlicher Weise in vielen Kulturen und zu allen Zeiten gibt (z. B. Tötungsverbot, Inzestverbot, Schutz des Eigentums), konnte das Gewissen auch als *»Stimme Gottes«* im Menschen interpretiert werden. – Trotz des Wissens um die Fehlbarkeit der konkreten Gewissensentscheidung haben Theologie und Kirche grundsätzlich daran festgehalten, daß der Gehorsam gegenüber dem Gewissen der letzte Maßstab sittlichen Handelns ist.
4. Über die Funktion als Regulativ sittlichen Handelns (»moralisches Gewissen«) hinaus gewinnt bei Luther (→ 7.7) das Gewissen eine umfassendere Bedeutung. Er sieht in ihm den Träger persönlicher Überzeugungen, für die der Mensch sich letztlich nur vor Gott verantworten kann *(»transmoralisches Gewissen«)*.

Angesichts der unterschiedlichen Standorte und Deutungen stellt sich die Frage, wie diese einander zuzuordnen und zu werten sind.

1. Die Einsicht in die Tatsache, daß das Gewissen unter dem Einfluß von Erziehung und Umwelt steht, macht uns kritisch gegenüber einer zu idealistischen Deutung und einer Überschätzung der Autonomie des Menschen. Andererseits wird man die mit dem Gewissen verbundenen Werte, wie *Freiheit, Würde und sittliche Autonomie,* nicht

einfach leugnen dürfen. Es sind Postulate unseres Menschenbildes, die zwar nicht eindeutig bewiesen werden können, die aber als selbstverständliche Voraussetzungen in unser Handeln und in unsere Gesetzgebung einfließen. Damit muten wir den Menschen in bestimmten Situationen Freiheit und Autonomie zu (→ 5.7), und wir glauben, daß sich aus solchen Vorgaben menschenwürdiger leben läßt als unter der Vermutung der Unfreiheit; zugleich hoffen wir, daß sich diese Vorgaben im persönlichen und gesellschaftlichen Leben bewähren.

2. Die hohe Wertschätzung des Gewissens einerseits, das Wissen um seine Abhängigkeit und damit auch Verführbarkeit andererseits verweisen auf die *Notwendigkeit der Gewissensbildung und Gewissenserziehung*. Denn das Gewissen ist keine statische Anlage und auch nicht nur der Reflex auf wechselnde Umwelteinflüsse, sondern ein formbares Organ, das sich im Laufe der Biographie verändert und auf größere Selbständigkeit hin entwickeln kann.

3. Wenn das Gewissen in verantwortlicher Erziehung und unter Kontrolle der Vernunft für das Individuum eine hohe Autorität erlangt hat, muten wir ihm eine letzte Verbindlichkeit in Extremsituationen auch gegenüber herrschenden Meinungen zu. Damit steht der Mensch mit seiner Verantwortung allein vor Gott. Freilich ist der religiöse Gedanke der *Verantwortlichkeit vor Gott* – das Bewußtsein auch des Scheiterns und der Erlösungsbedürftigkeit – in der Moderne weithin in Vergessenheit geraten (→ 3.8). Vielleicht liegt hier einer der Gründe dafür, daß die Berufung auf das Gewissen häufig mit subjektiver Willkür verwechselt wird und daß das Thema »Gewissen« in der zeitgenössischen Ethik in den Hintergrund getreten ist.

5.9 Schuld und Vergebung

Schulderfahrung

»Ich bin nicht so gut, wie ich sein möchte!« – Diese Grunderfahrung begleitet das Leben eines Menschen. Die Differenz zwischen dem sittlichen Anspruch und dem tatsächlichen Verhalten muß aber nicht in jedem Fall persönliche Schuld sein; es ist möglich, daß Ansprüche an einen Menschen gerichtet werden, die er nicht gleichzeitig erfüllen kann (vgl. tragische Schuld in der Dichtung). In anderen Fällen aber wird die eigene Unzulänglichkeit als schuldhaft erfahren.

Man kann drei Beziehungsebenen der Schulderfahrung unterscheiden:

- *Schuld gegen sich selbst:* Es gibt die Erfahrung, daß ein Mensch zurückbleibt hinter seinen Möglichkeiten; im tragischen Grenzfall geht einem Menschen auf, daß er sein Leben verfehlt hat.

- *Schuld gegenüber anderen.*
- *Schuld angesichts der Gesellschaft und der Geschichte* (z. B. Verantwortung gegenüber der Dritten Welt; Zukunftsaufgaben; Mitschuld am Dritten Reich).

Bewältigung von Schuld

Offensichtlich stellt Schuld eine erhebliche Belastung dar. Für die Psychologie steht fest, daß verdrängte Schuld zu schweren seelischen Störungen führen kann. Verschiedene Wege helfen, Schuld zu bewältigen:

- sich selbst Rechenschaft geben über das Ausmaß der Schuld und den Grad der Verantwortung
- das Gespräch über die Schuld
- die Bitte um Vergebung
- der Versuch der Wiedergutmachung.

Schuld und Sünde

Wenn Gott als der Sinngrund der Welt anerkannt wird, ist Schuld in jeder Form auch Schuld gegenüber Gott. Insofern ist Schuld aus christlicher Sicht Sünde. Nun versteht sich die Kirche als Repräsentant und als Konkretion des Willens Gottes. Wenn Christen aber schuldig werden, berührt das zugleich die Gemeinschaft der Kirche. Daraus folgt, daß die Kirche das sittliche Bewußtsein fördert und zur Vergebung der Schuld beiträgt (Sakrament der Buße → 4.5).

5.10 Katholische Soziallehre

Anfänge

Mit der Industrialisierung entstehen im 19. Jahrhundert soziale Probleme, auf die die christlichen Kirchen zunächst keine tragfähige Antwort haben. Auf das Elend der Arbeiter reagieren sie zunächst mit caritativen Maßnahmen. Im Laufe der Zeit entwickelt die katholische Kirche aber Grundsätze zur Lösung der sozialen Fragen.

Lehrschreiben

Diese Prinzipien werden in mehreren Lehrschreiben der Päpste (»Enzykliken«) entfaltet:

- »Rerum novarum« (Leo XIII., 1891)
- »Quadragesimo anno« (Pius XI., 1931)
- »Mater et magistra« (Johannes XXIII., 1961)
- »Populorum progressio« (Paul VI., 1967)
- »Laborem exercens« (Johannes Paul II., 1981)

Grundsätze

Mit ihrer Soziallehre versucht die katholische Kirche einen dritten Weg zwischen dem Kapitalismus und einem kollektivistischen Sozialismus aufzuzeigen.

Personalität

Die wirtschaftliche Ordnung muß sich am Wohl des einzelnen Menschen orientieren. Die Würde der menschlichen Arbeit, die Freiheit des einzelnen und die Gestaltung der Familie sind deshalb wichtiger als wirtschaftliche Vorteile.

Subsidiarität Von diesem Ansatz ausgehend, sollen Verantwortung und Gestaltungsmöglichkeiten des einzelnen und kleiner Gruppen erhalten bleiben. Was eine Familie, Vereinigungen oder Gemeinden selbst regeln können, soll ihnen nicht vom Staat entzogen werden. Dieser Grundsatz ist vor allem für Erziehung und Sozialpolitik wichtig. Der Staat soll nur dort helfend eingreifen, wo diese kleinen Gruppen Unterstützung brauchen.

Solidarität Andererseits ist der Staat aber dort zur Hilfe verpflichtet, wo die Betroffenen selbst nicht mehr für Besserung sorgen können. Die Gesellschaft im ganzen muß die unterstützen, die in Not geraten sind. Die Interessen der einzelnen Gruppen finden ihre Grenze an dem Wohl aller. Das bedeutet z. B.: Wer Eigentum besitzt, darf dies nicht nur zu seinem Nutzen einsetzen, sondern muß die Interessen der Allgemeinheit angemessen berücksichtigen. Das Prinzip der Solidarität fordert darüber hinaus das Recht der Arbeiter, sich in Gewerkschaften zusammenzuschließen, und die Hilfe der Industriestaaten gegenüber den Entwicklungsländern.

6 Bibel

6.1 Die Bedeutung der Bibel

Literarische Bedeutung

Die Bibel ist Teil der Weltliteratur. Ihre zentralen Motive und Erzählungen sind eingegangen in die literarische Kultur des Abendlandes. Unabhängig von der Verwendung in den Kirchen wird die Bibel zitiert; ihre Motive werden aufgegriffen und umgeformt in der Literatur (z. B. Vertreibung aus dem Paradies, Sintflut, Exodus als Freiheitsgeschichte, babylonisches Exil, Erzählungen vom Barmherzigen Samariter und vom Verlorenen Sohn).

Kulturelle Bedeutung

Die Bibel ist so stark mit der abendländischen Geschichte verflochten, daß unsere Vorstellung vom Menschen auch von ihr geprägt wird. Wenn wir über die Würde des Menschen nachdenken und ethische Maßstäbe diskutieren, spielen häufig biblische Überlieferungen eine Rolle (z. B. Mensch in der Schöpfung, Suche nach Frieden).

Religiöse Bedeutung

Für die christlichen Kirchen ist die Bibel darüberhinaus ein normatives Buch: In ihr spiegelt sich die Geschichte des Glaubens (→ 4.4, 6.4); zentrale Vorstellungen des christlichen Bekenntnisses sind in der Bibel entfaltet (→ 2.3, 3.4, 3.5). Zugleich wird für Christen erkennbar, in welchen Erfahrungen ihr Glaube begründet ist. Daher ist die Bibel *»Quelle der Offenbarung«*. Auf sie berufen sich Theologie, Verkündigung und amtliche Dokumente der Kirchen.

6.2 Gliederung und Umfang der Bibel

Was wir als Bibel (griech. Buch) bezeichnen, ist eine Sammlung von Schriften, die in einem langen Überlieferungsprozeß zusammengewachsen sind.

1. Altes Testament

Erst sehr spät (ca. 100 n. Chr.) entsteht im Judentum Einigkeit darüber, welche religiösen Überlieferungen als »Heilige Schriften« gelten. Die offiziell anerkannte Sammlung bezeichnet man als *Kanon* (= gr. Richtschnur).

Die christliche Kirche übernimmt aber nicht nur diese kanonischen Bücher des Judentums, sondern auch sieben Erbauungsschriften, die in griechischer Sprache überliefert sind. – Diese sieben Bücher (*) werden in der evangelischen Kirche als *Apokryphen* (griech. verborgene Schriften) bezeichnet, in der katholischen Kirche als *deuterokanonische Schriften*.
In Anlehnung an das Konzil von Trient (1545–1563) teilt man das Alte Testament in *vier Schriftgruppen* ein:
- Fünf Bücher des Mose (Tora/Pentateuch)
- Bücher der Geschichte Israels
- Lehrweisheit und Psalmen
- Prophetische Bücher

Gliederung des Alten Testaments

I. Die Fünf Bücher Mose
griechisch: Pentateuch (= Fünf Bücher)
hebräisch: Tora (= Gesetz, Weisung)

Buch	Inhalt
Genesis	Schöpfung, Paradies und Sündenfall, Urgeschichten, Patriarchen: Abraham, Isaak, Jakob; Josef
Exodus	Auszug aus Ägypten, Rettung am Schilfmeer, Zug durch die Wüste, Bundesschluß am Sinai, Dekalog
Levitikus	Gesetze, insbesondere für den Gottesdienst
Numeri	Stammeslisten, Gesetze, Eroberung des Ostjordanlandes
Deuteronomium	Ausführliche Gesetzesvorschriften

II. Bücher der Geschichte Israels

Buch	Inhalt
Josua	Eroberung Kanaans (u. a. Jericho)
Richter	(Kriegerische) Auseinandersetzungen mit der kanaanitischen Bevölkerung unter Führung der »Richter«
Rut	Novelle, die erzählt, wie die Ausländerin Rut Ahnfrau Davids wird
1. Samuel/2. Samuel *1. Könige/2. Könige*	Geschichtserzählungen aus der Zeit der Könige (Samuel; Saul, David, Salomo; Zeit der Reichsteilung)

1. Chronik/2. Chronik *Esra/Nehemia*	Geschichtswerk, das mit Adam einsetzt und bis zum Wiederaufbau Jerusalems nach dem Exil (ca. 500) reicht.
Tobit/Judith*/Esther*	Erbauungserzählungen mit historischem Kolorit
*1. Makkabäer** *2. Makkabäer**	Geschichtserzählungen über die (kriegerischen) Auseinandersetzungen gegen die Fremdherrschaft und gegen die hellenistische Kultur

III. Lehrweisheit und Psalmen

Buch	Inhalt
Psalmen	150 Gebete und Lieder für Gottesdienste; Lob, Dank, Klage und Bitte um göttlichen Beistand
Hiob	Gespräche über das Leiden und die Gerechtigkeit Gottes
Sprüche	Sprichwörter und Lebensregeln
Prediger	Betrachtung und Klagen über die Nichtigkeit der Welt
Hoheslied	Sammlung von Liebesgedichten
*Weisheit**	Sprichwörter, Aphorismen
*Jesus Sirach**	Lebensregeln, Spruchweisheit, Aphorismen

IV. Propheten

Buch	Inhalt
Die »großen« Propheten: Jesaja Jeremia (+ Klagelieder/ + Baruch) Ezechiel Daniel *Die »kleinen« Propheten:* Hosea/Joel/Amos Obadja/Jona/Micha Nahum/Habakuk/ Zefanja/Haggai Sacharja/Maleachi	Die prophetischen Bücher spiegeln das Auftreten von Männern, die sich von Gott berufen fühlen, ihr Volk zu ermahnen und zu trösten. Sie kritisieren den Abfall vom Gesetz Jahwes und rufen zur Umkehr auf. Sie nehmen Stellung zur Tagespolitik. Sie drohen das Gericht Gottes an und entwerfen im Gegenzug tröstende Zukunftsbilder.

2. Neues Testament

Zuerst werden die Briefe des Apostels Paulus und die ersten drei Evangelien als maßgebende Schriften von den christlichen Gemeinden anerkannt. Diese Schriften haben zunächst nur regionale Geltung; bis zum Ende des 4. Jahrhunderts wachsen sie aber mit anderen Schriften der apostolischen Zeit zu allgemein anerkannten Glaubenszeugnissen zusammen.

I. Die Evangelien

Matthäus
Markus
Lukas

Diese *synoptischen Evangelien* (→ 6.3) erzählen das Wirken Jesu nach Art einer geschichtlichen Darstellung.
Großgliederung: Vorgeschichte Jesu – Öffentliches Wirken in Galiläa – Wanderungen – Jerusalem; Passion und Auferstehung

Johannes

Aus historischem Abstand wird Jesus Christus als Mittler zwischen Gott und den Menschen dargestellt. Viele Reden und Selbstaussagen Jesu durchziehen den geschichtlich gefärbten Erzählfaden.

II. Die Apostelgeschichte

Als Fortsetzung des Lukasevangeliums erzählt derselbe Autor die Geschichte der Urgemeinde und die Ausbreitung des christlichen Glaubens durch Paulus.

III. Paulinische Briefe

Römer, 1/2 Korinther, Galater, Epheser, Philipper, Kolosser, 1/2 Thessalonicher, 1/2 Timotheus, Titus, Philemon, Hebräer

Diese Briefe, die nur teilweise von Paulus stammen, spiegeln die Situation der christlichen Gemeinden im ersten Jahrhundert. Sie klären Fragen des Glaubens und des christlichen Lebens. Sie regeln darüber hinaus Gottesdienst und Amt in der Gemeinde.
Als zweifelsfrei echte Paulusbriefe gelten: Philipper, 1 Thessalonicher und Römer, 1/2 Korinther, Galater und Philemon.

IV. Die Apostolischen Briefe

Jakobus
1/2 Petrus
1/2/3 Johannes
Judas

Ermahnung an Christen, die Aposteln zugeschrieben wurden.

V. Die Offenbarung des Johannes (Apokalypse)

Als Trost in Zeiten der Verfolgung entwirft der Autor Bilder von der bevorstehenden Endzeit, in der die Gerechten durch alle Leiden hindurch gerettet werden.

6.3 Die Entstehung der Bibel

Entstehung der Bibel als Prozeß

Was wir aus der Rückschau als Entstehung der Bibel begreifen, ist ein zunächst offener Prozeß der Traditionsbildung in Judentum und Christentum.

Vereinfacht lassen sich folgende Verfahrensweisen bei der Entstehung der Bibel unterscheiden:

1. Sammlung und Addition

Umlaufendes Überlieferungsgut (Legenden, Mythen, Gebete, Stammeserzählungen, Bekenntnisse, Sprüche u. a.) werden zusammengestellt und (für den gottesdienstlichen Gebrauch) sprachlich neu gefaßt. – Diese alten Überlieferungen werden in späterer Zeit durch eigenständige Werke religiöser Schriftsteller ergänzt.

2. Überarbeitung von Traditionsgut

Weil sich Lebensumstände und religiöse Auffassungen im Lauf der Geschichte Israels und der frühen Kirche ändern, werden alte Überlieferungen überarbeitet und theologisch neu akzentuiert. Sie werden damit modifiziert nach den Fragestellungen einer späteren Zeit.

3. Kompilation von Quellenschriften

Mehrfach finden Schriftsteller der Bibel verschiedenartige Überlieferungen vor, die sie zu einer einheitlichen Schrift vereinigen, so daß ein Erzählzusammenhang entsteht. Bei dieser Kompilation werden gleichzeitig die theologischen Akzente verändert und dem Bewußtseinsstand der späteren Zeit angeglichen.

4. Kanonisierung

Der skizzierte offene Prozeß der Traditionsbildung kommt zum Abschluß, wenn bestimmte Schriften als verbindliches Glaubensgut anerkannt werden. Danach ist eine Überarbeitung kaum noch möglich, besonders dann nicht, wenn die Glaubensgemeinschaft durch förmlichen Beschluß die Verbindlichkeit der Schriften festlegt.

Die Entstehung des Pentateuch

Beispiel 1

Wie dieser Prozeß der Sammlung, Überarbeitung und Kompilation sich auswirkt, läßt sich nachzeichnen an der Entstehung des Pentateuchs. Aufgrund ausführlicher Textuntersuchungen hat die alttestamentliche Forschung ungefähr folgenden Ablauf rekonstruiert:

- Als sich Israel zu einem Staat entwickelt hatte, entsteht um 950 eine erste Zusammenstellung der Volksüberlieferung. Nach dem verwendeten Gottesnamen »Jahwe« wird der Autor *Jahwist (J)* genannt.
- Unabhängig davon wird um 750 im Nordreich eine ähnliche Sammlung zusammengestellt. Da ihr Autor den Gottesnamen »Elohim« verwendet, bezeichnet man ihn als *Elohist (E).*
- Im 7. Jahrhundert entsteht die *deuteronomistische Quelle (Deuteronomium = Zweites Gesetz);* in ihr wird der innere Zusammenhang zwischen dem Glaubensgehorsam und dem Wohlergehen Israels hervorgehoben. Von da aus werden Gesetzesvorschriften eingeschärft und auf Mose zurückgeführt.

- Um 500 v. Chr. schreibt ein Theologe – wahrscheinlich im babylonischen Exil (→ 6.4) – die Geschichte Israels von der Schöpfung bis zum Exodus neu. Er betont, daß dem Volke Israel das Land Kanaan als Heimat gegeben wurde; daß Israel als heiliges Volk ausgezeichnet ist und sich durch die Einhaltung des Kultes von heidnischen Völkern unterscheidet. Diese Schrift bezeichnet man als *Priesterschrift (P)*.

Diese verschiedenen Schriften werden um 400 v. Chr. zu einem zusammenhängenden Erzählwerk vereinigt. Widersprüche werden teilweise ausgeglichen; manche Überlieferung bleibt doppelt erhalten. Insgesamt aber entsteht ein fortlaufender Erzählablauf von der Erschaffung der Welt bis zum Tod des Mose.

Beispiel 2 **Die Entstehung der synoptischen Evangelien**

Weithin anerkannt ist folgende Auffassung von der Entstehung:

- Schon kurze Zeit nach dem Tod Jesu bildeten sich Gemeinden, in denen Worte Jesu überliefert wurden, in denen Erzählungen von Jesus entstanden und die für den Gebrauch im Gottesdienst einfache Bekenntnisformeln entwickelt haben (insbesondere für die Taufe und für die Abendmahl-Feier).
- Markus greift bereits auf kleinere schriftliche Sammlungen, die sich in den Gemeinden gebildet hatten, zurück; insbesondere benutzt er eine ausführliche Darstellung der Passions-Geschichte. Er schreibt als erster ein »Evangelium«, d. h. eine Erzählung des Lebens Jesu. Seine Darstellung gliedert er hauptsächlich in drei Abschnitte:
  - Öffentliches Wirken Jesu in Galiläa
  - Wanderungen
  - Leiden und Tod Jesu in Jerusalem
- Dieses Schema übernehmen Lukas und Matthäus; sie überarbeiten das Markus-Evangelium und fügen Spruchgut ein, das sie aus einer gemeinsamen *Quelle (Q)* übernehmen, aber unterschiedlich verarbeiten. Außerdem verwendet jeder dieser beiden Evangelisten noch *Sonderüberlieferungen* aus dem Kreis der Gemeinden, denen sie angehören.

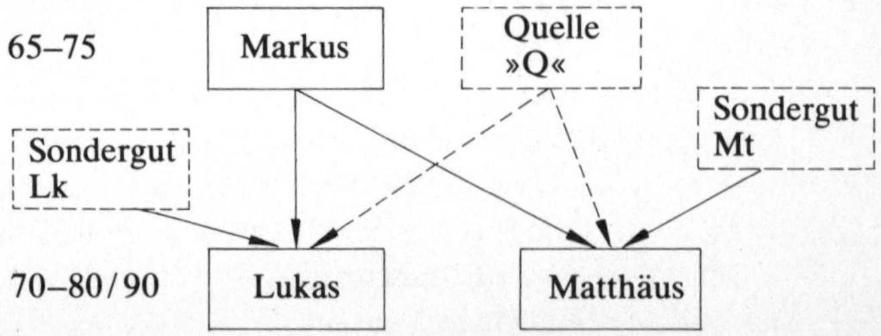

Diese wechselseitige Abhängigkeit der drei ersten Evangelien gestattet es, parallele Texte im Druckbild nebeneinander zu stellen, so daß man Übereinstimmungen und Differenzen zwischen den Evangelien leicht ermitteln kann. Diese Zusammenstellung nennt man *Synopse*. Durch einen *synoptischen Vergleich* läßt sich dann schließen, welche Textform die älteste Fassung darstellt und wie jeder einzelne Evangelist mit dem überlieferten Material umgegangen ist.

6.4 Geschichte Israels in vorchristlicher Zeit

um 1250 bis 1000 v. Chr.	Mose Josua	**Zeit der Landnahme** Hebräerstämme siedeln sich im Land Palästina an.
1020 bis 932 v. Chr.	Saul David Salomo	**Zeit der Könige** Die Stämme werden zu einem Königreich zusammengefaßt; Jerusalem wird Hauptstadt und zentraler Kultort.
932 bis 587 v. Chr.	Amos Jesaja Hosea Jeremia	**Zeit der Reichsteilung** Die nördlichen Stämme (Israel) trennen sich vom Süden (Juda); Samaria wird zweite Hauptstadt. 721 v. Chr.: Ende des Nordreichs
587 bis 538 v. Chr.		**Babylonisches Exil** Die Oberschicht des Staates Juda wird deportiert; behält aber ihr religiöses und völkisches Eigenleben in Babylon.
538 v. Chr. bis 70 n. Chr.	Esra Nehemia Makkabäer	**Zeit der Fremdherrschaft** Unter wechselnden Abhängigkeiten erlangt der jüdische Staat begrenzte Autonomie. In dieser Zeit wird die Religion die Klammer, die das jüdische Volk zusammenhält.
70 n. Chr.		**Zerstörung Jerusalems** Mit der Eroberung Jerusalems durch die Römer wird die jüdische Bevölkerung im Römischen Reich zerstreut; sie verliert ihre nationale Eigenständigkeit.

Übersicht über die Geschichte Israels

Auszug aus Ägypten

Politisch-soziale Situation	Religiöse Entwicklung
1250–1000 v. Chr.: Zeit der Landnahme	
In Völkerwanderungsschüben dringen hebräische Halbnomaden in Palästina ein und werden nach und nach seßhaft. Im Kampf um Wasserstellen und Weideland setzen sie sich im Laufe der Zeit gegenüber den kanaanitischen Ureinwohnern durch (Bauern und Stadtbevölkerung). Die Gruppe der Hebräer umfaßt mehrere Stämme, die von Osten und Süden über einen längeren Zeitraum einsickern. Als Führer – häufig spontaner – Gruppen wehrhafter Männer verteidigen *»Richter«* die Siedlungen der Hebräer – in erster Linie gegen die kanaanitische Bevölkerung, aber auch gegen die militärisch überlegenen Philister, die von Südwesten nach Palästina eindringen wollen.	Die Hebräer bringen nach Palästina den Glauben an Stammesgötter mit. Diesen ist gemeinsam, daß sie Schutzgötter einer Personengruppe sind – und nicht Ortsgottheiten, die eine Stadt oder ein Tal beschützen. Diese Stammesgottheiten verschmelzen weitgehend zur Gestalt des Gottes *Jahwe*. Als Gott der Mose-Gruppe erscheint Jahwe als Befreier aus Ägypten. In den Erzählungen vom Auszug finden die Hebräerstämme ihre geschichtliche und religiöse Identität. Grundzüge ihrer Gottesvorstellung und ihrer religiösen Praxis führen sie auf *Mose* zurück. – An verschiedenen Kultorten bilden sich Erzähltraditionen, die nach und nach zusammenwachsen. Die Auseinandersetzung mit der (einheimischen) Baal-Verehrung bestimmt schon die israelitische Geschichte.
Ca. 1020–932: Zeit der Könige Saul – David – Salomo	
David gelingt es durch geschickte Politik, die Schwäche der Großreiche in Ägypten und Mesopotamien zu nutzen: – er besiegt weitgehend die Philister, – einigt Nord- und Südstämme dadurch, daß er in Personalunion König der beiden Reichsteile ist,	Mit der Zentralisierung des Kults in Jerusalem – verstärkt sich der Zusammenhang zwischen Glaubensgemeinschaft und Volksgemeinschaft, – entstehen Sammlungen religiöser Erzählungen und Gebete (Psalmen) für den Gebrauch im Gottesdienst,

Politisch-soziale Situation	Religiöse Entwicklung
– macht Jerusalem zur anerkannten Hauptstadt und zentralisiert dort Verwaltung, Militär und Gottesverehrung.	– bildet sich eine Gruppe von Priestern heraus, und es entwickeln sich Ordnungen für den Tempeldienst.
Durch Vertrags- und Friedenspolitik vergrößert Salomo zunächst die Bedeutung Israels. Der Handel weitet sich aus, und durch Staatsbauten (Palast und Tempel) wird Jerusalem repräsentative Residenz. Sozial ergibt sich ein neuer Wandel: Die Israeliten, die als Halbnomaden ins Land gekommen waren, werden nun Bauern und nach und nach auch handel- und gewerbetreibende Städter.	Zwischen dem Königtum und den Traditionen des Jahwe-Glaubens ergeben sich aber Reibungen, die sich auch in der Geschichte Israels nicht ganz verlieren: Die Priesterschaft als Hüter der Tradition wacht darüber, daß der König die Rechte der einzelnen Bürger, aber auch der Stämme nicht unnötig schmälert. – Trotz dieses Vorbehalts erlebt Israel die davidisch-salomonische Ära als Zeit politischer und kultureller Blüte. David wird deshalb später zum Idealbild des Herrschers; an ihm orientiert sich auch die Vorstellung vom Messias.
932–587: Zeit der Reichsteilung Die Personalunion, in der David und Salomo Israel beherrschten, zerfällt mit dem Tod Salomos. Das *Nordreich* wählt einen eigenen König und macht Samaria zur Hauptstadt. Von da an können sich beide Reichsteile nicht völlig aus der Einflußzone der Hegemonialmächte Ägypten bzw. Assur (Babylon) lösen. 721 erobern die Assyrer das Nordreich, dessen Dynastie damit untergeht. Das *Südreich* Juda – mit der Hauptstadt Jerusalem – behauptet sich bis 587.	Insbesondere im Nordreich schwankt die Form der Gottesverehrung sehr stark nach außen- oder innenpolitischen Rücksichten. Insbesondere der Baalskult droht zeitweilig die Jahwe-Verehrung zu verdrängen. Gegen diese Entwicklung protestieren *»Propheten«,* d. h. Männer, die sich als Anwälte Gottes verstehen. Sie verteidigen nicht nur den Jahwe-Glauben, sondern auch die Sozialgesetze der frühen Tradition. Ausprägungen des Feudalstaats und einseitige Verteilung der Güter werden von da aus kritisiert. (Elia, Amos, Hosea)

Israel Nordreich Samaria — Bet-El } besondere
Juda Südreich Jerusalem — Tempel } Heiligtümer

Politisch-soziale Situation	Religiöse Entwicklung
	Im Südreich wendet sich Jesaja gegen die Bündnispolitik seines Königs. Er sieht in der Anlehnung an die Großreiche die Gefahr des Abfalls vom Jahweglauben und damit auch die Gefährdung der nationalen Identität Israels. – In der Folge sieht er im drohenden Untergang des Südreiches das Gericht Gottes.
587–538: Zeit der Babylonischen Gefangenschaft Die Oberschicht des Südreichs wird deportiert in das Zentralgebiet des babylonischen Reiches. Dort können sich die Deportierten relativ frei bewegen; Rückkehr in die Heimat und politische Tätigkeit sind ihnen untersagt. 538 gestattet ein Edikt des Königs Kyros die Rückkehr und den Wiederaufbau des Tempels in Jerusalem.	In Judäa zerfällt der Jahwekult und wird teilweise ersetzt durch die Verehrung babylonischer Gottheiten. – In der religiösen Aufarbeitung des Exils wird dieses als Strafe Jahwes interpretiert. Zugleich wird der Jahweglaube geklärt in der Auseinandersetzung mit babylonischen Gottesvorstellungen. – Die Hoffnung auf die Wiederaufrichtung Israels in politischer Autonomie und in ungestörter, orthodoxer Ausübung des Glaubens begleitet von da an die Glaubensgeschichte; die Vorstellung von der Auferstehung und von dem Tag Jahwes als Gerichtstag entstehen vor dem Hintergrund des Exils.
538 v. Chr.–70 n. Chr.: Zeit der Fremdherrschaft In der Herrschaft über Judäa lösen sich verschiedene Großmächte ab: Perser, Ptolemäer, Seleukiden. Gegen Ende des 4. Jahrhunderts gewinnt der Hellenismus – vor allem auf die Ober-	Durch die jeweilige Großmacht werden Teile der Oberschicht veranlaßt, in die Kultur- und Herrschaftszentren zu ziehen. Dadurch entsteht das Diaspora-Judentum, dessen religiöser Mit-

Politisch-soziale Situation	Religiöse Entwicklung
schicht – zunehmenden Einfluß. Als Antiochos IV. sogar die Verehrung des Zeus im Jerusalemer Tempel vorschreibt (169 v. Chr.), löst dies den Makkabäer-Aufstand aus. Nach einer Zeit relativer Souveränität gelangt Judäa 63 v. Chr. in Abhängigkeit von den Römern.	telpunkt die Synagoge wird. In bewußter Abgrenzung vom hellenistischen Lebensstil fördern religiöse Gruppen die Eigenart jüdischer Frömmigkeit: Speisegesetze, Gebetsvorschriften und religiöse Feste in der Familie sollen die jüdischen Gläubigen von ihrer heidnischen Umwelt unterscheiden. – Der Verlust der staatlichen Souveränität löst apokalyptische Erwartungen aus: Jahwe wird in der Endzeit Israel wieder herstellen. – Im Judentum bilden sich unterschiedliche Auffassungen gegenüber der Fremdherrschaft, der Apokalyptik und der Auslegung des Gesetzes (Tora) heraus; daraus entstehen schließlich die verschiedenen Religionsparteien zur Zeit Jesu.

66 n. Chr. jüd. Ausland
Bettelarme zünden Stadtarchiv (Schuldverschreibungen) an.
70 n. Zerstörung Jerusalems
73
132-132 n. Chr. 2. Aufstand

röm. Herrschaft rund 700 Jahre
von 63 v. Chr. bis 637.
dann Eroberung durch islamische Araber

6.5 Politisch-religiöse Gruppierungen des Judentums zur Zeit Jesu

Name der Gruppe	Stellung in der jüdischen Gesellschaft	Politische Einstellung	Religiöse Einstellung
Sadduzäer (vermutlich von *Zadok*, Hoherpriester der davidisch-salomonischen Zeit)	Angehörige der Oberschicht, vor allem der Priesterschaft in Jerusalem. Großes politisches Gewicht, da sie den *Hohenpriester* stellen und die Mehrheit im Hohen Rat haben.	Konservative Gruppe, die gegenüber den Römern kompromißbereit ist. So wollen sie die eingeschränkte Autonomie des jüdischen Staates erhalten. Begrenzte Anpassung an die hellenistische Kultur.	Das politisch-pragmatische Interesse ist stärker als das religiöse Profil der Gruppe. – Hauptziel: die Erhaltung und Sicherung des Tempelkults. – Als verbindliche *Quellen des Glaubens* werden nur die 5 Bücher Mose (Tora) anerkannt. – Den Glauben an die Auferstehung lehnen die Sadduzäer ebenso ab wie den Glauben an Engel und Dämonen. – *Endzeitvorstellungen* entwickelt die Gruppe nicht.

Name der Gruppe	Stellung in der jüdischen Gesellschaft	Politische Einstellung	Religiöse Einstellung
Pharisäer (von *peruschim* = die Abgesonderten; von Gegnern zugewiesener Name)	Bürgerliche Laienbewegung, mit starkem sozialem Eigenleben. Starker Einfluß auf die religiösen Vorstellungen des Volkes. Die *»Schriftgelehrten«* sind überwiegend Pharisäer.	Gegenüber der römischen Herrschaft zurückhaltend, aber gemäßigt; ohne ausgeprägtes politisches Programm. Strikte Ablehnung des Hellenismus.	Das religiöse Interesse herrscht vor: Lektüre der heiligen Schriften und Studium der »Überlieferung der Alten«, d. h. der traditionellen Auslegungen der Schrift (Mischna und Talmud). Diese Überlieferungen gelten als wesentliche und notwendige Auslegung der Tora. – Strenge Beobachtung der religiösen und sozialen Regelungen der Tora. – Genaue Beachtung der (priesterlichen) Reinheitsgebote und Gebetsvorschriften. – Glaube an die Auferstehung und Hoffnung auf die baldige religiös-politische Erneuerung Israels durch einen Messias-König aus dem Haus Davids.
Zeloten (von griechisch *zälotäs* = Eiferer)	Radikale Minderheit, politische Widerstandsgruppe, Geheimbund.	Radikal-militante Gegner der römischen Fremdherrschaft. Immer wieder in Aufstände und Überfälle verwickelt.	In religiöser Hinsicht weitgehende Übereinstimmung mit den Pharisäern. Sie erwarten den Anbruch der Gottesherrschaft als (gewaltsame) politische Befreiung.

6.6 Grundlegende Glaubensüberzeugungen des Judentums

Allgemeine Kennzeichen

Die jüdische Religion hat sich im Lauf von fast 3000 Jahren entwikkelt und naturgemäß verschiedenartige Ausprägungen angenommen. Sie kennt keinen Kanon von Glaubenssätzen, die man in Form eines kurzen Katechismus darstellen könnte. Kennzeichnender als das Bekenntnis zu bestimmten Glaubenswahrheiten sind für die Juden die Betrachtung der heiligen Schriften und religiöse Lebensformen, die Frömmigkeit und Alltag bestimmen.

Grundüberzeugungen

Dennoch gibt es einige Grundüberzeugungen, die für den jüdischen Glauben charakteristisch sind:

- Es gibt *nur einen einzigen Gott*. Dieser Gott ist Jahwe; er soll nicht in Bildern dargestellt werden. Durch Grübeln oder Reflexion ist er ebensowenig zu erfassen. Daher ist auch keine systematische »Gotteslehre« möglich.
- Jahwe, der Gott Israels, *wirkt in der Geschichte*. Er befreit sein Volk aus der Sklaverei in Ägypten; er bestraft es für seinen

Unglauben mit der Verbannung nach Babylon; er stellt es wieder her – zuletzt durch den Messias am Ende der Zeit. So ist Jahwe der Gott, der seinem Volk Freiheit und Leben gibt (→ 2.3).

- Der Wille Gottes, den Israel zu erfüllen hat, ist niedergelegt im »Gesetz« (der Tora); das sind die fünf Bücher Mose und unter diesen vor allem das Deuteronomium, das 5. Buch Mose (→ 5.4). In zahlreichen Vorschriften sind Gebetsleben, Brauchtum und Fragen des täglichen Lebens geregelt. Ziele des Gesetzes sind die Verehrung Gottes und ein Leben in Gerechtigkeit. Dabei sind Gottesverehrung und sittliche Verpflichtung miteinander verknüpft.
- Weil Gott in der Geschichte wirkt und das Gesetz Gottes das Zusammenleben bestimmt, ist *Gott der eigentliche Herrscher Israels*. Das göttliche Gesetz hat höhere Geltung als ein König oder eine Regierung; umgekehrt haben Regierung und König dafür zu sorgen, daß das Gesetz Gottes im öffentlichen Leben beachtet wird (→ 2.3, 3.4).
- Der Zusammenhalt des Judentums wird durch die religiöse Erziehung in der Familie grundgelegt. Beschneidung, Aufnahme in die Gemeinde der Erwachsenen (Bar Mizwa) und die Einübung in Gebet und religiöses Brauchtum schaffen das Gefühl der Besonderheit und der Zusammengehörigkeit.

6.7 Vom Verstehen der Bibel

Die hermeneutische Frage

Alle christlichen Kirchen haben die Bibel zur Grundlage ihres religiösen Lebens erklärt. Wer nun biblische Texte liest, stößt häufig auf *Verständnisschwierigkeiten:*

- Die Bibel spiegelt Lebensformen, die einer vergangenen Kultur angehören (kulturgeschichtliche Differenz).
- Die religiösen Vorstellungen der Bibel sind teilweise verknüpft mit einem Weltbild, das uns fremd geworden ist (weltanschauliche Differenz → 6.8).
- Die Bibel ist geprägt von Denkweisen und Darstellungsformen, die wir nicht mehr benutzen (literarische Differenz).

Diese dreifache Differenz wirkt sich als Hindernis beim Verstehen aus. Wenn Christen dennoch die Bibel zum Maßstab ihres Glaubens und Handelns machen, müssen Grundsätze für die Auslegung der Bibel entwickelt werden.

Auch unabhängig von der Bibel stellt sich überall dort die Frage nach dem angemessenen Verstehen, wo ein unmittelbarer Zugang zur Literatur und Kunst nicht mehr möglich ist. Die Lehre vom Verstehen heißt *Hermeneutik* (griech. hermenéus = Ausleger, Übersetzer).

Der Zirkel des Verstehens

Der Teil und das Ganze

Schon in der Antike war bekannt, daß es eine Wechselbeziehung zwischen dem Teil und dem Ganzen im Verstehen gibt. Den Satz »Das hat er gestern behauptet« kann man nur verstehen, wenn man den Textzusammenhang kennt, dem er entnommen ist. Umgekehrt wird man einen Text im ganzen nur begreifen, wenn man jeden einzelnen Satz verstehen kann. Das Textganze und seine Elemente erläutern sich gegenseitig.

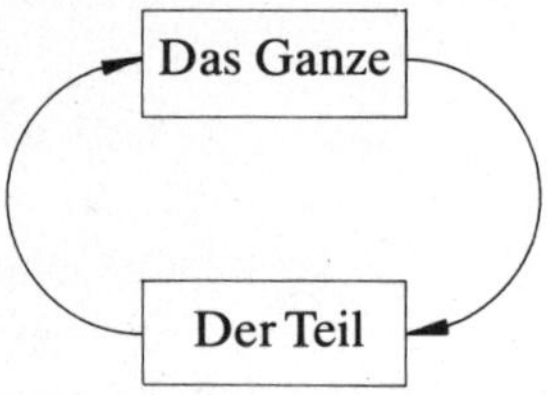

Dieser hermeneutische Grundsatz verbietet es, einen einzelnen Satz aus dem biblischen Zusammenhang herauszureißen und als Argument zu verwenden.

Geschichtliches Verstehen

Eine entscheidende Erweiterung dieses Ansatzes stellt die *geistesgeschichtliche Interpretation* dar. Sie geht davon aus, daß man einen Text nur vor dem Hintergrund seiner Entstehungszeit angemessen versteht. Und umgekehrt ist der Text ein Schlüssel zum Lebensgefühl seiner Zeit:

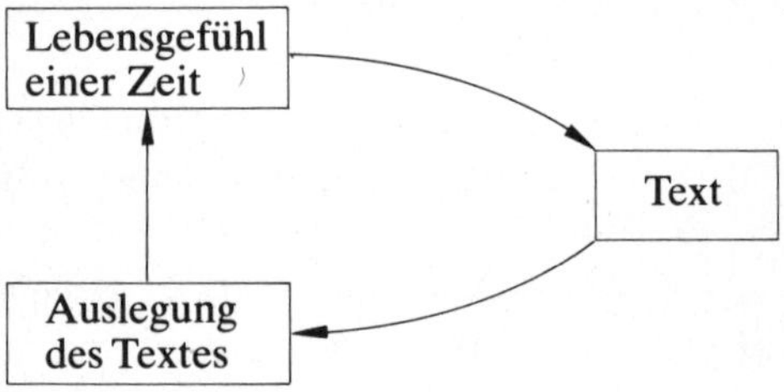

Aus dieser Einsicht ergibt sich, daß man einen biblischen Text nur angemessen versteht, wenn man ihn vor dem Horizont seiner Entstehungszeit liest. Man muß herausfinden, wie er auf die Probleme und Fragen seiner Zeit reagiert. Erst wenn das geklärt ist, kann der Text reflektiert auf die heutige Situation übertragen werden.

Verstehen als Leistung des Lesers

Im 20. Jahrhundert wird bewußt, wie stark der Leser selbst in den Verstehensprozeß eindringt. Wer Texte liest, bringt immer schon seine Lebensgeschichte und sein Vorverständnis mit ein. Sein Frageinteresse lenkt damit die Auslegung des Textes. Verstehen wird erst möglich, wenn es zu einer Horizontverschmelzung zwischen Text und Leser kommt. Auslegung wird damit zu einem offenen Prozeß, in dem sich Vorverständnis und Textauslegung mehrfach korrigieren.

Damit steht auch fest, daß ein Text keine eindeutige Bedeutung hat. Was ein Text bedeutet, stellt sich erst in der Begegnung zwischen Text und Leser heraus. Ebenso wird verständlich, daß zwei Menschen, die mit unterschiedlichem Vorverständnis einen Text lesen, zu verschiedenen Auslegungen kommen (→ 6.9).

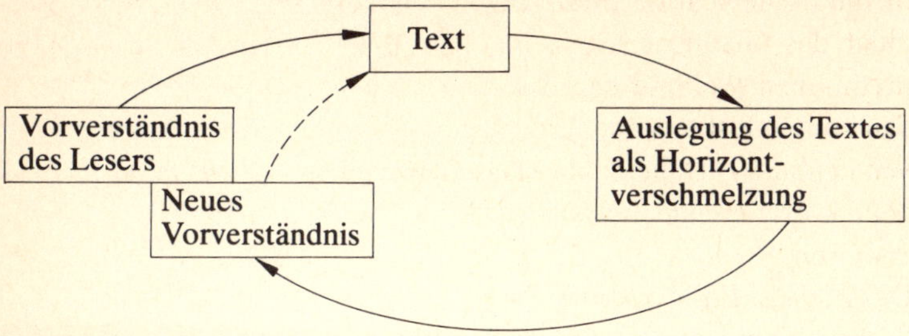

Dieses Modell erklärt auch, warum viele Leser biblische Texte ausschließlich christlich interpretieren. Sie sind seit ihrer Kindheit gewohnt, Erzählungen der Bibel religiös-kirchlich zu verstehen.
Für die Kirche ist es unerläßlich, daß sie biblische Texte auslegt zur Klärung des Glaubens. Sie begründet die Praxis der Gemeinden und das christliche Handeln immer wieder aus biblischen Überlieferungen. Dennoch ist es möglich, daß Menschen, die nicht aus kirchlich-religiösem Interesse heraus die Bibel lesen, daraus Gewinn ziehen. Sie können – wie bei der Lektüre anderer Literatur auch – Anregungen für Lebensdeutung und Lebensziele erhalten.

6.8 Entmythologisierung

Das Problem

Die Bibel kennt Engel und Dämonen; sie erzählt von Wundern, die jenseitige Mächte gewirkt haben, oder führt auffällige Krankheiten auf die Besessenheit durch böse Geister zurück. Solche Vorstellungen stören oft das Verstehen biblischer Texte und machen es dem heutigen Leser schwer, in der Bibel Anregungen für Lebensdeutung und Gotteserfahrung zu finden.

Bultmanns Prognose

Die Ursache dafür liegt nach Meinung des protestantischen Theologen *Rudolf Bultmann* (1884–1976) im Wandel des Weltbilds. Nach ihm beruht das Weltverständnis der Bibel auf einem mythischen Bild von der Welt: Die Welt ist in drei »Stockwerke« eingeteilt – in Himmel, Erde und Hölle; übernatürliche Wesen können in das Leben der Menschen eingreifen (Erscheinungen, Wunder, Besessenheit durch Dämonen). Dieses mythische Bild von der Welt unterscheidet sich vom wissenschaftlichen Denken, das die Ereignisse als Zusammenhang von innerweltlicher Ursache und Wirkung erklärt. Bultmann fordert daher, daß der Theologe die Aussagen der Bibel »entmythologisiert«. Dies soll dadurch geschehen, daß er von den mythischen Vorstellungen absieht und die Gehalte der Bibel in Begriffen aussagt, die heutigem Existenzverständnis vertraut sind. Dabei lassen sich im einzelnen folgende Vorentscheidungen und methodische Schritte unterscheiden: Die Bibel ist einzigartiges Dokument des Glaubens. Sie benutzt jedoch Erzählformen, die einem mythischen Weltbild entsprechen. Diese Glaubenserzählungen werden vom Selbstverständnis des heutigen Menschen her befragt (»Vorverständnis«). Dabei kann sich die Bibel als klärende, bestätigende oder korrigierende Instanz gegenüber heutigem Lebensverständnis erweisen.

Offene Fragen

Das Ziel der Entmythologisierung ist in der evangelischen und katholischen Theologie weitgehend anerkannt. Dämonen etwa können gedeutet werden als mythische Bilder, die die Bedrohtheit und Gefährdung des menschlichen Lebens zum Ausdruck bringen. Solche Deutungen vermögen fruchtbare und häufig überraschende Beziehungen zu heutigem Verständnis herzustellen. Aber es bleiben Fragen: Droht nicht die Gefahr, daß die Bibel zu einseitig subjektiv aus dem je individuellen Vorverständnis des Interpreten heraus gedeutet wird? Verflüchtigt sich nicht allzu leicht historisches Geschehen, vor allem Leben und Tod Jesu, zu Symbolen menschlicher Existenz?

6.9 Möglichkeiten der Bibelauslegung

Die Bibel in der Verkündigung der Kirche

Der ursprüngliche Ort der Bibelauslegung ist die Kirche bzw. die gläubige Gemeinde. In der Predigt, in der Glaubensunterweisung und in Bibelkreisen wird die Bibel als *Wort Gottes* interpretiert. Ziele der Auslegung sind die Grundlegung des Glaubens und die Ermutigung zu christlichem Leben.

1. Bibelauslegung in der vorkritischen Theologie

Die kirchliche Verkündigung wurde ständig begleitet von der wissenschaftlich-theologischen Arbeit. Schwerpunkte dieser Arbeit:

- Sicherung des Schrifttextes und der Übersetzung
- Auslegung der Schrift im Zusammenhang des jeweiligen Glaubensverständnisses
- Erläuterung der Bibel aus landeskundlichen und geschichtlichen Zusammenhängen
- Weitergabe von Auslegungen bedeutender Theologen.

Die wissenschaftliche Auslegung

2. Die historisch-kritische Methode

Diese Methode versucht, die Bedeutung eines biblischen Textes in seiner Entstehungszeit zu ermitteln. Im Zuge der Forschung wurde deshalb immer sorgfältiger die *Entstehungs- und Redaktionsgeschichte* der biblischen Bücher geklärt. Dadurch konnten auch die ursprüngliche Verwendung *(Sitz im Leben)* und die ursprüngliche Aussageabsicht erhellt werden. Diese Rekonstruktion verknüpfte sich exegetisch mit dem Programm der Entmythologisierung (→ 6.8).

3. Textanalyse

Im Unterschied zu einer glaubensorientierten und einer historischen Betrachtungsweise entwickeln sich im 20. Jahrhundert Methoden unmittelbarer Textauslegung. Aus dem Horizont des heutigen Lesers wird nach der *Bedeutung* eines Textes gefragt. Methodische Sicherheit gewinnt dieses Verfahren durch die *Analyse der Stilmittel* (Textinterpretation) oder durch die *strukturale Textanalyse* (linguistische Bibelauslegung).

4. Außertheologische Deutungsansätze

In der Konfrontation mit dem zeitgenössischen Denken ergaben sich eine Reihe von Auslegungshorizonten, die sich auch als fruchtbare Ansätze der Bibelinterpretation erwiesen:

- *Existentiale Interpretation:* Nachdem die Beheimatung in einem mythischen Weltbild verlorengegangen war, wird die Bibel gelesen mit der Frage: Welche Aufschlüsse gibt der Text für das menschliche Dasein? Was sagt der Text aus über die Erfahrung der Einsamkeit, Freiheit, Hoffnung und Angst?
- *Politisch-soziale Interpretation:* Wir wissen heute, in welchem Umfang unser Lebensgefühl bestimmt ist durch die gesellschaftlichen Verhältnisse. Entsprechend kann man fragen, wie der biblische Text Herrschaft und Besitz, Lohn und Arbeit wertet. Spiegelung und Kritik damaliger und heutiger Lebensverhältnisse werden so sichtbar.
- *Psychologische Interpretation:* Bei diesem Ansatz wird die Struktur einer biblischen Erzählung erschlossen durch seelische Konflikte und Erfahrungen. Die Spannungen zwischen Bewußtem und Unbewußtem, zwischen Realität und Ideal scheinen dabei personifiziert in biblischen Geschichten (z. B. Jakobs Kampf mit dem Engel [Gen 32,23-32] als Konflikt zwischen der unbewußten Triebstruktur und den ich-haften Kräften des Menschen).

Die Vielfalt der Auslegungen

Diese Aufstellung zeigt, daß es für einen Bibeltext mehr als eine Auslegung geben kann. Das ist legitim; denn biblische Texte sind zumeist interpretationsbedürftig und für viele Auslegungen offen (→ 6.7). Entsprechend unserer geistigen Situation stehen heute kirchliche und außerkirchliche Deutungen der Bibel nebeneinander. Es ist wünschenswert, daß beide Auslegungsmöglichkeiten sich ergänzen.

7 Kirchengeschichte

7.1 Die großen Epochen im Überblick

Antike bis 7. Jh.	**1. Urkirche, frühe Ausbreitung, Verfolgung**	
	Paulus	Kleinere christliche Gemeinden lösen sich aus dem Verband der Synagogen. In den Handelszentren entstehen heidenchristliche Gemeinden. Örtlich und zeitlich begrenzt werden Christen immer wieder (z. T. aus innenpolitischen Motiven) verfolgt.
	2. Reichskirche (4.–6. Jh.)	
	Augustinus Benedikt von Nursia Gregor d. Gr.	Durch die Kaiser Konstantin und Theodosius wird das Christentum zur beherrschenden Religion (Reichskirche). Das Christentum wird sozial anerkannt und trägt zur Stabilisierung des Römischen Reiches bei. Zunehmend betrachten sich die Kaiser als Schutzherren der Kirche.
Mittelalter 7. Jh. bis ca. 1500	**3. Germanisch-lateinische Kirche** (5.–8. Jh.)	
	Bonifatius	Durch die Völkerwanderung übernehmen Germanen mit der antiken Kultur auch das Christentum. Zugleich durchdringt germanisches Denken den christlichen Glauben. Diese Wandlungen der lateinischen Kirche führen zur Entfremdung und schließlich zur Trennung von Ostrom (1054).
	4. Das christliche Reich (9.–15. Jh.)	
	Karl d. Gr. Gregor VII. Franz von Assisi Thomas von Aquin	Die Ordnung des christlichen Abendlandes bildet sich als politische und religiöse Einheit heraus. Papst und Kaiser verkörpern diese neue Einheit. In der kulturellen Blüte des Mittelalters verschmelzen religiöse und profane Le-

bensformen zu einer einheitlichen Kultur (Scholastik, Gotik, ständische Ordnung).

5. Zeitalter der Reformation (16./17. Jh.) — **Neuzeit** ca. 1500 bis heute

Martin Luther
Ignatius von Loyola

Wandlungen im Weltbild und soziale Verschiebungen führen zur endgültigen Auflösung der mittelalterlichen Einheit. Mit der Reformation entstehen Konfessionen, die sich in Bekenntnis und Kirchenorganisation unterscheiden.

6. Aufklärung und Säkularisierung (18./19. Jh.)

Das wissenschaftliche und philosophische Denken verselbständigt sich gegenüber der Kirche. Staatliche und gesellschaftliche Einrichtungen treten in Konkurrenz zu kirchlichen Institutionen und lösen diese teilweise ab (besonders Schule und Sozialwesen). Durch die unterschiedlichen Entwicklungen in den einzelnen Staaten und durch die Konfessionsgrenzen bilden sich verschiedenartige Ausprägungen des Christentums in den einzelnen Ländern.

7. Kirche im Industriezeitalter (19./20. Jh.)

Leo XIII.
Johannes XXIII.

Nach großen Anpassungsschwierigkeiten beginnt die Kirche am Ende des 19. Jahrhunderts ihre soziale Verantwortung für das Industriezeitalter wahrzunehmen. Durch Missionstätigkeit und wachsende Zusammenarbeit zwischen den Konfessionen entsteht ein neues Bewußtsein für die Universalität des christlichen Glaubens.

7.2 Paulus

Bedeutung

Die ersten christlichen Gemeinden entstehen in Palästina (Jerusalem, Galiläa). Nach ihrem Selbstverständnis waren sie jüdische Gemeinden christlicher Prägung; sie beachteten das jüdische Gesetz, nahmen an Gottesdiensten im Tempel teil, glaubten aber an Jesus von Nazaret als den Messias. Durch Paulus bilden sich verstärkt heidenchristliche Gemeinden, die die Beachtung des jüdischen Gesetzes nicht mehr verlangen (Verzicht auf Beschneidung, Speisegesetze, jüdische Gebetsvorschriften). Für diese Öffnung erreicht Paulus die Zustimmung der »Ältesten« auf dem Jerusalemer »Apostelkonzil« (vgl. Apg 15). Dadurch kann das Christentum sich in einer hellenistischen Kultur ausbreiten.

Diese Bedeutung des Paulus ist vorgezeichnet in seiner Herkunft: Als Jude wächst er in einer hellenistisch geprägten Stadt Kleinasiens auf; sein Vater ist römischer Bürger.

Leben

Geboren in Tarsus/Kleinasien, Geburtsjahr unbekannt

Ausbildung in Jerusalem in einer jüdischen Rabbinenschule

Beteiligung an der Verfolgung christlicher Gruppen im Judentum (Stephanus)

Zwischen 33 und 35 Bekehrung zum Glauben an Christus bei Damaskus/Syrien. »3 Jahre später« Kontakt mit der Jerusalemer Gemeinde

44–48	Erste Missionsreise nach Kleinasien
49	»Apostelkonzil«: Paulus erreicht, daß Heiden, die sich zum Christentum bekehren, von der Beschneidung und von der Einhaltung der jüdischen Gesetze befreit werden
50–58	Weitere Missionsreisen nach Kleinasien und Griechenland
58	Gefangennahme wegen Verstoßes gegen das jüdische Gesetz
um 64 (?)	Von Cäsarea Philippi aus Überführung nach Rom. Dort vermutlich gewaltsamer Tod

Theologie

Die Theologie des Paulus ist enthalten in seinen Briefen. Aus bestimmten Anlässen erteilt er Ratschläge für das Gemeindeleben und klärt theologische Zusammenhänge. Folgender Grundgedanke zeichnet sich darin ab:

In der Geschichte Gottes mit den Menschen spielt Jesus Christus die entscheidende Rolle. Zwei Bewegungen bestimmen nämlich das Leben des Menschen. Der Weg der Sünde – verkörpert in der Gestalt Adams – führt den Menschen zum Tod; der Glaube an Christus führt zur Überwindung des Todes und zum Leben. Für das Judentum war das Gesetz das angemessene Heilmittel gegen die Sünde Adams. Mit dem Glauben an Christus wird aber das Gesetz als Heilsweg überflüssig. Der Christ wird frei von den Vorschriften des Gesetzes und ist damit zur tätigen Liebe befreit.

7.3 Die Konstantinische Wende

Religionsfreiheit

Christentum wird Staatsreligion

Im *Edikt von Mailand (313)* gewährt Konstantin der Große den Christen *Religionsfreiheit:* Das Christentum wird als »erlaubte Religion« anerkannt. Mit dem *Edikt des Theodosius (391)* wird es *Staatsreligion*. Daraus ergeben sich folgende Konsequenzen:

- Die Christen werden nicht mehr verfolgt.
- Seit Konstantin können Christen in einflußreiche Stellungen gelangen.
- Die Bischofssitze können Vermögen erwerben.

In der Folgezeit werden die Bischöfe den Reichsbeamten gleichgestellt. Sie dürfen bei Zivilstreitigkeiten Recht sprechen und erhalten die Ehrenstellung höherer Staatsbeamter. Die Kleriker werden von der Steuer und vom Wehrdienst befreit. Die Organisation der Kirche lehnt sich an staatliche Gliederungsformen an.

Versuch einer Wertung

Positive Auswirkungen sind:
- ungehinderte Verbreitung des Christentums im gesamten Reich
- Möglichkeit der Einflußnahme auf das öffentliche Leben durch das Christentum (Abschaffung der Kreuzigungsstrafe; Sonntag wird gesetzlicher Feiertag; Verbot der Gladiatorenkämpfe ...)
- Christen erhalten beschlagnahmte Kirchen und Friedhöfe zurück.

Nachteile:
- Gefahr des Mitläufertums: Es lohnt sich jetzt, ein Christ zu sein.
- Gefahr, daß die politisch-weltlichen Interessen für die Kirche in den Vordergrund treten.
- Wegen der Privilegien wird es attraktiv, Kleriker bzw. Bischof zu werden; die Gefahr der sozialen Entfremdung zwischen Bischöfen und Volk beginnt.
- Das Christentum erhebt nach 391 Monopolanspruch und wird intolerant gegenüber anderen Kulturen und Religionsgemeinschaften.
- Die Kaiser haben Interesse an der Lehrentwicklung der Kirche, insbesondere erwarten sie Einigkeit und üben entprechenden Druck auf Lehrentscheidungen aus.
- Indem das Christentum »staatstragende Kraft« wird, muß es Kompromisse mit den staatsbürgerlichen Pflichten schließen.

Wegen dieser Zusammenhänge wird die Konstantinische Wende von den christlichen Kirchen und Theologen unterschiedlich bewertet.

7.4 Augustinus (354–430)

Zeithintergrund

Augustinus lebt in der Spätzeit des Römischen Reiches. Die seit mehreren Jahrhunderten gewohnte Ordnung löst sich auf. In der ersten Hälfte seines Lebens ist der Christianisierungsprozeß noch nicht abgeschlossen; es gibt noch Bestrebungen, die antik-heidnische Religion zu erhalten. Die Trennung von Ost- und Westrom bahnt sich an. Der Westen verliert seine Prägung durch die griechische Kultur. Die spätere Ausformung einer westlich-lateinischen Zivilisation (Mittelalter) wird vorbereitet. Das Eindringen der Germanen beschleunigt den Zerfall des Weströmischen Reiches.

Leben

354 in Thagaste (heutiges Algerien) geboren, Vater Heide; durch die Mutter Monika christliche Erziehung

373–386 Lehrer für Rhetorik in Thagaste, Karthago und Mailand. Nachdem er lange als Manichäer gelebt hatte, wendet er sich dem Neuplatonismus zu und wird dann unter dem Einfluß des Ambrosius von Mailand Christ.

387 Taufe in Mailand

388 Rückkehr nach Thagaste; Eintritt in ein Kloster

391 Priesterweihe

396 Bischof von Hippo

430 Tod während der Belagerung der Stadt durch die Vandalen

Grundzüge seines Denkens

Das Denken Augustins ist geprägt durch seine Lebensgeschichte und durch die Zeitumstände. Bestimmend für ihn ist ein starkes religiöses Orientierungsbedürfnis. Er sieht in seinem Leben eine Veranschaulichung der Situation des Menschen vor Gott. Die Verwirrungen und Verfehlungen der ersten Lebenshälfte lösen die Sehnsucht nach einem Halt in Gott aus. Im Unterschied zur klassischen Antike geht Augustinus davon aus, daß die Sünde von Anfang an das Leben eines Menschen bestimmt (Erbsünde). Diese Sündhaftigkeit wird schon bei der Zeugung des Menschen weitergegeben. Wegen seiner Sündhaftigkeit ist der Mensch auf die Gnade Gottes angewiesen. Die Möglichkeit zum Guten verdankt er allein der Vorsehung Gottes. Der Wille Gottes aber bleibt für den Menschen unerforschlich und unverstehbar. Denn die Vernunft kann nur ausmachen, daß es Gott geben muß, und daß er mit den Mitteln der Vernunft nicht hinreichend erkannt werden kann. Also bedarf der Mensch der Offenbarung durch Gott selbst. So kann der Mensch wenig zur Gestaltung seiner Beziehung zu Gott tun. Er ist angehalten zur Verehrung Gottes und zum Dank für das Gute, das ihm widerfährt.

Wichtige Werke

- Confessiones (»Bekenntnisse«). Autobiographische Darstellung der seelischen und weltanschaulichen Entwicklung. Um 400.
- De civitate Dei (»Der Gottesstaat«). Deutung der Weltgeschichte aus der Perspektive des christlichen Glaubens. Zwischen 413–426.

7.5 Benedikt von Nursia und das abendländische Mönchtum

Begründung des christlichen Mönchtums

Das Mönchtum ist eine Bewegung, die aus dem christlichen *Vollkommenheitsideal* (Mt 19,21) hervorgegangen ist. Dabei wird »Vollkommenheit« im frühen Mönchtum vielfach mit weltflüchtiger Askese gleichgesetzt. Da diesen beschwerlichen Weg zur vollkommenen Gottes- und Nächstenliebe nur wenige zu gehen vermögen, wurden die mönchischen Lebensregeln (Armut, Ehelosigkeit, Gehorsam) nicht als allgemein verpflichtendes Gesetz, sondern als »Evangelische Räte« verstanden, die sich nur an die Berufenen richten (Mt 19,12).

Ordensregel des Benedikt (um 480–547)

Der Zerfall des Weströmischen Reiches in den Stürmen der Völkerwanderung bildet den politischen und gesellschaftlichen Hintergrund für Benedikts Klostergründung auf dem Monte Cassino (529). Nach Erfahrungen als Einsiedler und Vorsteher einer Eremitengemeinde bindet er mönchisches Gemeinschaftsleben an eine Regel, deren hohes Ethos und maßvolle Klugheit bis heute abendländisches Mönchtum prägen. Zu nennen sind in diesem Zusammenhang vor allem folgende Elemente:

– die maßvolle Ausgewogenheit benediktinischen Gemeinschaftslebens (im Gegensatz zur asketischen Strenge des Eremitentums)
– die Verpflichtung zur körperlichen Arbeit und Kultivierung des Geistigen
– die Verpflichtung zum gemeinsamen Chorgebet und zum persönlichen Beten
– die mönchischen Gelübde der Beständigkeit (stabilitas loci), des monastischen Lebenswandels (conversatio morum, d. h. Ehelosigkeit und persönliche Armut) und des Gehorsams (oboedientia) gegenüber dem Abt
– die Mönchstugenden der Gottes- und Nächstenliebe, der Demut, der Schweigsamkeit sowie der Verpflichtung zur Gastfreundschaft
– der Sinn für Ordnung in der inneren und äußeren Lebensführung, gedeutet als Einklang mit der Schöpfungsordnung Gottes
– die Ehrfurcht gegenüber allem Geschaffenem und die dadurch bewirkte Heiligung des Profanen.

Stichworte zur Wertung

Eine Beurteilung hat mehrere Gesichtspunkte zu berücksichtigen:

– Orden und Klöster waren die Vermittler lateinischer Kultur.
– Sie haben häufig bis dahin unbesiedeltes Land kultiviert.
– Sie waren die entscheidenden Kulturträger des abendländischen Christentums im Mittelalter mit großer Wirkkraft bis in die Neuzeit hinein.
– In der katholischen Tradition erfreut sich das Mönchtum als besonderer Weg der Nachfolge Christi großer Wertschätzung.
– Luther und die Reformatoren dagegen haben das Mönchtum abgelehnt, weil sie die Unterscheidung zwischen »gutem« und »vollkommenem« Leben nicht anerkannten und aus reformatorischem Glaubensverständnis die Rechtfertigung durch »gute« Werke bezweifelten.

7.6 Franz von Assisi und die Bettelorden

Zeithintergrund In einer Phase wirtschaftlichen und wissenschaftlichen Aufschwungs gewinnt die abendländische Kirche neues Selbstbewußtsein und Machtgefühl. Reichtum und kulturelle Ausstrahlung der Städte und Klöster nehmen zu. Die beginnende Arbeitsteilung führt zu einer ständischen Gliederung der Gesellschaft. Geldwirtschaft, Vorratshaltung und frühtechnische Organisation begründen stärker als im frühen Mittelalter ein Gefühl der Sicherheit und der Herrschaft. Dagegen setzt Franz einen Lebensstil, der auf äußere Sicherheit verzichtet und in der freiwilligen Armut einen Ausdruck christlicher Solidarität mit den Armen sieht. Diese Haltung ist für ihn eine Anknüpfung an die Tradition Jesu.

Leben

1181 Franz wird als Sohn eines Kaufmanns in Assisi (Mittelitalien) geboren.

1202 Städtekrieg zwischen Assisi und Perugia; Franz gerät in Gefangenschaft und erfährt eine Änderung seiner Lebenseinstellung.

1206 Franz wird enterbt; er sagt sich vom Lebensstil der Familie los (»Gott im Himmel ist mein Vater«), führt seine unbürgerliche Lebensweise fort und nimmt sich der Aussätzigen an.

1209 Endgültiger Entschluß, in der Armut und im Dienst des Evangeliums zu leben (vgl. Mt 10,5ff)

1210 Mündliche Bestätigung einer vorläufigen Ordensregel durch den Papst

1219/20 Ergebnislose Fahrt ins Heilige Land und nach Ägypten in der Absicht, den Sultan zu bekehren

1226 Tod

1228 Heiligsprechung durch Papst Gregor IX.

Ordensgründung Die Armutsbewegung des Franz wird – vor allem in Italien – enthusiastisch begrüßt, und sie gewinnt schnell Anhänger. Bald schon ergibt sich aber die Schwierigkeit, diesem spontanen Lebensentwurf Organisation und Dauer zu verleihen. Die verschiedenen Fassungen der Ordensregeln spiegeln diesen inneren Widerspruch. So bleibt es nicht aus, daß auch der Orden des Franz Häuser erwirbt und Kirchen erbaut (darunter die prächtige Grabeskirche für Franz) – zugleich aber werden Armut und einfacher Lebensstil von jedem Mönch verlangt und prägen die Gestalt des Ordens (Bettelorden).

Außer dem ursprünglichen Mönchsorden gründet Franz mit *Clara* den sogenannten 2. Orden der Clarissen, die bis heute mit großer Konsequenz das Armutsideal leben (heute: betrachtender Orden). Als »3. Orden« wird eine *Laienbruderschaft* gegründet. Ihre Mitglieder versuchen, in ihrem bürgerlichen Leben die franziskanischen Ideale der Armut und der Nächstenliebe zu verwirklichen.

7.7 Martin Luther und die Reformation

»Die gewaltige Änderung, welche die Reformation Luthers im Gesamtbestand des europäischen Daseins bedeutet, ist zu einer Hälfte das Ergebnis einer seit 1300 angelegten Verschiebung und Zersetzung. Der andere Teil heißt Luther« (J. Lortz).

Voraussetzungen der Reformation

Politisch hatte sich die mittelalterliche Reichseinheit weitgehend in mächtige National- und Territorialstaaten aufgelöst. Diese betreiben gegenüber Kaiser und Papst eine eigenständige – gelegentlich auch feindliche – Politik.

Die Übermacht des hohen Adels führt zu *sozialen* Spannungen, die sich im Bauernkrieg (1525) entladen. Die Bauern wehren sich gegen die zunehmende wirtschaftliche Belastung, Entrechtlichung und Mißachtung ihres Standes durch Adel und Geistlichkeit.

Das *geistige* Antlitz der Zeit prägen der Wandel des Weltbildes (heliozentrisches Weltbild, vgl. Kopernikus, Kepler, Galilei), bedeutsame Entdeckungen (1492: Columbus entdeckt Amerika) und Erfindungen. Der Mensch sieht seinen Standort im Kosmos verändert und erblickt neue Lebensmöglichkeiten.

Dem entspricht ein neues *Lebensgefühl,* das sich in der Renaissancekultur und im Humanismus ausspricht: Diesseitsbejahung und Persönlichkeitskult – verbunden mit der Hinwendung zum geistigen Erbe der Antike – bewirken eine Abwendung vom mehr kollektiven Ordnungsdenken und von religiösen Leitbildern des Mittelalters.

Deshalb stellt sich für die *Kirche* das Spätmittelalter als eine Zeit der Krisen und der inneren Selbstauflösung dar. Das Papsttum büßt seinen politischen Weltherrschaftsanspruch und seine religiöse Autorität ein: Das Exil von Avignon (1309–1376), das große Schisma (1378–1417), die konziliare Idee (d. i. die Forderung, das Konzil als eine Art Kirchenparlament über den Papst zu stellen) und die Verweltlichung des Renaissancepapsttums lähmen das Papsttum, setzen es der Kritik und politischer Beeinflussung aus und verhindern eine Reform der Kirche.

Biographie Martin Luthers

1483 Martin Luther wird als Sohn eines Bergmanns in Eisleben geboren. Nach dem Schulbesuch in Magdeburg und Eisenach studiert er an der Universität Erfurt mit der Absicht, Jurist zu werden.

1505 Luther tritt in das strenge Kloster der Augustiner-Eremiten zu Erfurt ein. Der Schritt erfolgt aus tiefer Frömmigkeit, wenngleich als äußere Anlässe der Tod eines Freundes und ein Gelübde, das er bei einem Blitzschlag macht, genannt werden.

1507 Priesterweihe. Weiterstudium und Lehrverpflichtungen an der Universität Wittenberg.

1512 Promotion zum Doktor der Theologie. Professor der Theologie in Wittenberg. Vorlesungen über die Psalmen und Paulus.
1517 Veröffentlichung von 95 Thesen zum Ablaß
1520 Reformationsschriften
»An den christlichen Adel deutscher Nation«
»Von der Babylonischen Gefangenschaft der Kirche«
»Von der Freiheit eines Christenmenschen«
1520 Luther wird gebannt
1521 Luther lehnt auf dem Reichstag zu Worms einen Widerruf seiner Lehren ab und wird deshalb mit der Reichsacht belegt.
1521/22 Übersetzung des Neuen Testamentes
1534 Veröffentlichung der Übersetzung des AT und NT
1546 Luther stirbt in Eisleben und wird in der Schloßkirche zu Wittenberg beigesetzt.

Das religiöse Problem

Luthers religiöses Problem erwächst aus tiefer Frömmigkeit, skrupulöser Selbstbeobachtung und dem Bemühen, der strengen Klosterdisziplin aus Fasten und Beten Genüge zu tun. Trotz seines vorbildlichen Mönchslebens und der strengen Askese ängstigt ihn die Frage nach der »Gerechtigkeit Gottes« (Röm 1,17). Denn wenn Gott nach Art eines irdischen Richters »gerecht« ist und einem jeden vergilt, wie er es »verdient« hat, vermag er trotz seines untadeligen Lebenswandels nicht vor Gott zu bestehen.

Die Beschäftigung mit dem Römerbrief des Paulus führt ihn in dem sogenannten »Turmerlebnis« zu einem neuen Verständnis der »Gerechtigkeit Gottes«. Sie ist nicht zu denken in Analogie zu menschlicher Richtertätigkeit, sondern es ist eine neue Gerechtigkeit, die Gott in reiner Gnade allen schenkt, die sich im Glauben ihm überantworten. Gott spricht und macht denjenigen »gerecht« (Rechtfertigung), der in gläubigem Vertrauen auf die Gnade Gottes lebt: »Der Gerechte wird aus dem Glauben leben!«

Rechtfertigungslehre

Luthers Rechtfertigungslehre läßt sich in drei Thesen zusammenfassen:

1. *sola fide:* Durch den Glauben allein – nicht durch das Tun guter Werke – findet der Mensch Zugang zu Gott. Allein das Vertrauen (Glaube) auf die Gerechtigkeit Gottes führt den Menschen zum Heil.
2. *sola gratia:* Allein der Gnade Gottes – nicht menschlichem Bemühen und guter Werke – verdankt der Mensch seine Rechtfertigung.
3. *sola scriptura:* Allein die Heilige Schrift ist Quelle des Glaubens – nicht die Tradition der Kirche.

Kirchenverständnis

Aus diesen religiösen Vorentscheidungen gewinnt Luther ein neues Kirchenverständnis, das sich vom katholischen Kirchenverständnis absetzen läßt:

1. Die Akzentuierung der persönlichen Glaubensentscheidung vor dem Angesicht Gottes führt zu einem Kirchenverständnis, das die Kirche von dem einzelnen Gläubigen her als Gemeinschaft der Gläubigen versteht.
Die katholische Tradition sieht in der Kirche eine Mittlerinstitution, die zum Heil notwendig ist und in der allein sich gültig christlicher Glaube verwirklichen kann. Sichtbare Kirche (Institution) und unsichtbare Kirche (Gläubige) bilden eine Einheit.
Demgemäß finden wir in den Kirchen der Reformation auch eine größere Tendenz zur Glaubensfreiheit und Toleranz, während in der katholischen Kirche der Gehorsam gegenüber der Glaubenslehre der Kirche stärker betont wurde.
2. Die rechtliche Kirchenverfassung ist eine notwendige Ordnungsstruktur, während die katholische Kirche in ihrem Aufbau eine von Gott gewollte heilige Ordnung (Hierarchie) sieht.
3. Luther vertritt das allgemeine Priestertum der Gläubigen, während die katholische Kirche an der Sonderstellung des geistlichen Standes (Amtspriestertum) festhält.
4. Luther erkennt nur drei Sakramente – Taufe, Buße und Abendmahl – als biblisch begründet an, während die katholische Kirche auf dem Konzil von Trient (1545–1563) sieben Sakramente definiert.
5. Über die Unterschiede in der Lehre hinaus haben sich in den großen Kirchen unterschiedliche religiöse Stimmungslagen herausgebildet: Die Kirchen in der Nachfolge Luthers leben eher aus der Frömmigkeit des Kreuzes, ihnen gilt der Karfreitag als der höchste Feiertag, und sie finden in der Bibel und im Wort der Verkündigung den Ausdruck ihrer Frömmigkeit. Die katholische Kirche lebte lange aus einer größeren Heilsgewißheit, die im auferstandenen Christus ihr Symbol und in Ostern ihr höchstes Fest feierte. (Zum neueren katholischen Kirchenverständnis → 4.2, 7.10)

7.8 Das Konzil von Trient und die Reform der katholischen Kirche

Anlaß

Die von den Reformatoren erwähnten Mißstände verlangten nach einer Klärung des Glaubens und einer Reform der Kirche. Beiden Zielen sollte eine allgemeine Kirchenversammlung, ein Konzil, dienen. Dieses fand von 1545 bis 1563 in Trient statt.

Glaubensaussagen

Für den Bereich des Glaubens traf das Konzil folgende Festlegungen:
1. Schrift *und* Glaubensüberlieferung der Kirche (»Tradition«) bilden die Quellen des Glaubens.

2. Nicht allein durch die Gnade, sondern auch durch seine Fähigkeit zum Guten (»Werke«) wird der Mensch vor Gott gerecht.

3. Nicht allein der Glaube, sondern die Kirche in ihren Sakramenten bewirkt das Heil des Menschen; das Konzil legt die Zahl der Sakramente auf sieben fest.

Kirchendisziplin Mit gleicher Entschiedenheit nahm das Konzil sich der Kirchendisziplin an:

1. Die Leitung der Kirche durch Papst und Bischöfe wird betont; ein Bischof darf nur eine Diözese haben und muß in dieser wohnen.

2. Die Ausbildung der Priester wird neu geordnet: Verpflichtend wird eine wissenschaftliche Ausbildung am Priesterseminar. Für die Tätigkeit und Lebensweise der Priester erläßt das Konzil Vorschriften.

3. Der Erwerb eines Ablasses durch Geldleistung wird verboten.

4. Zum Schutz des Glaubens wird eine Liste verbotener Bücher aufgestellt (Index).

Wirkung Die Hoffnung, daß durch das Konzil die Einheit der Christen wiederhergestellt werden könnte, erfüllte sich nicht. Die katholische Kirche gewann aber durch das Konzil an innerer Festigkeit und kultureller Wirkung (vgl. Kultur des Barock). Diese innere Festigkeit bedeutete zugleich eine Abgrenzung von den protestantischen Kirchen. Für die Glaubensentwicklung der katholischen Kirche bleibt das Konzil bis zu Papst Pius XII. (1939–1958) bestimmend. In diesen vier Jahrhunderten wird der Katholizismus zunehmend belastet durch seinen Widerstand gegen das neuzeitliche Denken. Eine Wende bringt erst das Zweite Vatikanische Konzil (→ 7.10).

7.9 Ignatius von Loyola und der Jesuitenorden

Zeithintergrund Die christliche Geschichte Spaniens beginnt erst im 8. Jahrhundert. Zug um Zug werden Gebiete von den Arabern zurückerobert und christianisiert. Daher gewinnt der spanische Katholizismus ein ritterlich-soldatisches Selbstgefühl. Spanien versteht sich als Vorkämpfer des Christentums; in ihm kann sich die Vorstellung von der Einheit des christlichen Weltreichs am längsten behaupten. Die Einheit des christlichen Glaubens ist die selbstverständliche Voraussetzung dieser Lebenshaltung.

Leben des Ignatius

1491 auf Schloß Loyola im Baskenland geboren. Tritt als Offizier in den Dienst des spanischen Königs. Schwere Schußverletzung in der Festung Pamplona. In der Genesungszeit vertieft er sich in eine Meditation des Lebens Jesu und in Heiligenlegenden.

bis 1524	Er entwickelt eine eigene Spiritualität, in der sich Christusmystik und soldatisches Ethos verbinden: »Zur größeren Ehre Gottes« ist der Christ in Dienst genommen: Selbstaufopferung ist von ihm verlangt, und er ist verpflichtet zur Demut und zur Nächstenliebe.
1523/24	Pilgerfahrt ins Heilige Land mit der Absicht, Moslems zu bekehren. Er leidet aber an seinen geringen theologischen und sprachlichen Kenntnissen.
1526–1535	Lateinstudium, Studium der Philosophie und Theologie
1534	Mit einer Gruppe Gleichgesinnter legt er in Paris das Gelübde der Armut und Ehelosigkeit ab; er stellt sich und seine Gruppe in den Dienst des Papstes.
1540/41	Der Orden der »Gesellschaft Jesu« wird von Papst Paul III. anerkannt. Ignatius wird erster Leiter der Ordensgemeinschaft. – Diese wächst sehr schnell und wird zu einer weltweiten Organisation.
1556	Tod in Rom.

Die Gesellschaft Jesu (Jesuitenorden)

Charakteristisch für den Jesuitenorden sind in erster Linie:
1. Disziplin: Der Orden hat eine zentrale Leitung, den »General«, der unmittelbar dem Papst untersteht. Der Generalobere ernennt die Leiter der Ordensprovinzen und größeren Niederlassungen. Dem entsprechen als Haltung eines jeden Mitglieds der Gesellschaft Jesu Gehorsam und hohe Selbstdisziplin.
2. Spiritualität: Ziel der Ordensgemeinschaft ist die Durchdringung vieler Lebensbereiche mit christlichem Geist. Die Förderung christlicher Impulse in Europa ist daher dem Jesuitenorden ebenso wichtig wie die Weltmission.
3. Modernität: Der Orden verzichtet auf Chorgebet, Ordenstracht und feste Klöster. Ordensmitglieder sollen vielseitig eingesetzt werden können. Dem entspricht auch die intensive und breite Ausbildung in Philosophie und Theologie sowie die Spezialisierung in einem Arbeitsgebiet außerhalb der Theologie. Auf vielen Gebieten hat der Orden daher Wissenschaftler hervorgebracht, die die Tendenzen der modernen Kultur und Wissenschaften mitgetragen heben.

Würdigung

Neben der Mission (darunter China; Südamerika, besonders Paraguay) liegen Schwerpunkte der Arbeit in der Jugendseelsorge, im Unterricht an Gymnasien und in der wissenschaftlichen Forschung und Lehre. Im Zeitalter des Absolutismus spielte der Orden teilweise eine wichtige Rolle in der Beratung von Fürsten. – Die Verwicklung in staatliche Machtpolitik führte 1773 zur Aufhebung des Ordens. 1814 wurde er wieder errichtet, wenn er auch die ehemalige Bedeutung danach nie mehr erreichte.

7.10 Das Zweite Vatikanische Konzil (1962–1965)

Verlauf

Unerwartet kündigte Papst Johannes XXIII. am 25. 1. 1959 ein allgemeines Konzil für die Kirche an. Als Ziel der Versammlung bezeichnete er den »Aggiornamento«; darunter verstand er das Bemühen, die Kirche dem heutigen Problembewußtsein anzunähern.

Das Konzil wurde am 11. 10. 1962 in Anwesenheit von 2540 stimmberechtigten Bischöfen eröffnet. Nach dem Tod Johannes XXIII. (1963) führte sein Nachfolger *Paul VI*. das Konzil fort. In vier Sitzungsperioden wurden insgesamt 16 Dokumente verabschiedet.

Ergebnisse: Kirchenverständnis

Das Konzil berücksichtigte die Erkenntnisse der modernen Bibelwissenschaft und legte darüber hinaus fest, daß die Bibel die entscheidende »Quelle der Offenbarung« ist. Entsprechend greift das Konzil auch auf biblische Traditionen zurück und verwendet das Bild vom Volk Gottes als Bezeichnung für die Kirche. Darin wird die Zusammengehörigkeit und gemeinsame Verantwortung aller Gläubigen betont.

Die hierarchische Ordnung der katholischen Kirche wird ergänzt durch demokratische, synodale Strukturen (Pfarrgemeinderäte, Katholikenräte, nationale Synoden, Bischofssynoden). Parallel erhalten die Teilkirchen der einzelnen Länder größere Rechte. Die Gottesdienste können in der Volkssprache gehalten werden und dem religiösen Empfinden unterschiedlicher Kulturen angepaßt werden.

Vor allem für die Kirchen in Afrika, Asien und Lateinamerika entwickeln sich daraus Anstöße zu größerer Selbständigkeit; dadurch wurde auch der Beitrag dieser Kirchen zur sozialen und politischen Entwicklung ihrer Länder größer.

Öffnung nach außen

Das Konzil betont die Weltverantwortung des Christen. Zugleich ermutigt es die Katholiken, unbefangen auf die geistigen Entwicklungen der Neuzeit zu reagieren. Der Dialog mit Humanwissenschaften und außerchristlichen Weltanschauungen wird ausdrücklich empfohlen. Vor diesem Hintergrund gibt das Konzil Grenzen auf, die früher zwischen den Konfessionen und Religionen gezogen wurden. Es wird bestätigt, daß es auch »Wege zum Heil« außerhalb des Christentums gibt und daß die Kirchen der Reformation authentische Ausprägungen des christlichen Glaubens hervorgebracht haben. Es ist nur konsequent, daß die Kirche damit auch das Recht aller auf Religionsfreiheit anerkennt und fordert.

Entsprechend den Absichten des Zweiten Vatikanischen Konzils wurden seine Impulse in regionalen und nationalen *Synoden* weitergeführt und auf die Bedingungen des jeweiligen Landes übertragen. Die ›Gemeinsame Synode der Bistümer in der Bundesrepublik Deutschland‹ fand von 1971–1975 in Würzburg statt.

Worterklärungen

Agnostizismus (griech.), Sammelbezeichnung für Richtungen, die die Erkennbarkeit Gottes bestreiten
Analogie (griech./lat.), Entsprechung, Ähnlichkeit oder Gleichartigkeit von Verhältnissen
Anthropologie (griech.), Wissenschaft vom Menschen und seiner Entwicklung
Antizipation (griech./lat.), Vorwegnahme einer möglichen, künftigen Entwicklung
Apokalyptik (griech.), wörtlich Aufdeckung, Enthüllung, Offenbarung. – Schriften über das Weltende
Apokryphen (griech.), wörtlich die Verborgenen, religiöse Schriften, die nicht in den Kanon der Hl. Schrift aufgenommen worden sind.
Askese (griech.), wörtlich Übung, ursprünglich zur körperlichen Ertüchtigung; enthaltsame und entsagende Lebensführung zur Verwirklichung religiöser oder sittlicher Ideale
Aufklärung, beherrschende Geistesrichtung des 18. Jahrhunderts, die auf die Vernünftigkeit von Welt und Mensch letztes Vertrauen setzte und die Humanisierung der Menschheit anstrebte
Autonomie (griech.), Selbstbestimmung des Menschen
Bund, Vertrag; Bezeichnung für das gegenseitige Verpflichtungsverhältnis zwischen Jahwe und dem Volk Israel
Caritas (lat.), wörtlich (Nächsten-)Liebe; Bezeichnung für die sozialen Dienste der katholischen Kirche
Charisma (griech.), Gnadengabe; die durch Gott bewirkten Gaben und Fähigkeiten eines Menschen; allgemein: besondere Ausstrahlungskraft eines Menschen
Credo (lat.), Glaubensbekenntnis
Determinismus (lat.), Lehre von der weitgehenden Vorbestimmung allen Geschehens; verneint die Möglichkeit des freien Willens
Deuteronomium (griech.), wörtlich zweites Gesetz, Bezeichnung für das 5. Buch Mose
Diakonie (griech.), tätige Nächstenliebe der christlichen Gemeinden
Dualismus (lat.), Auffassung, daß die Welt auf dem Widerstreit zweier gegensätzlicher Prinzipien beruht (z. B. Gut – Böse, Geist – Materie)
Ekklesiologie (griech.), theologische Lehre von der Kirche
Empirie, empirisch (griech.), Erfahrung; durch Überprüfung bestätigtes Wissen
Enzyklika (griech.), päpstliches Lehrschreiben
Eremit (griech.), Einsiedler
Exegese (griech.), Auslegung der Bibel
Existentialismus (lat.), philosophische Richtung des 20. Jahrhunderts, die auf metaphysische oder religiöse Begründungen des Daseins verzichtet und vom Menschen erwartet, daß er seinen eigenen Lebensentwurf definiert
Hermeneutik/hermeneutisch (griech.), Lehre von der Auslegung von Texten
Heteronomie (griech.), Bestimmung eines Menschen durch ein von außen kommendes Gesetz
Idealismus (griech./lat.), philosophische Lehre, die die Welt und den Menschen von geistigen Grundkräften her begründet
Identität (lat.), Gefühl für die Einheit der Person in wechselnden Situationen und Beziehungen
Identifikation (lat.), Übernahme der Eigenschaften oder Lebensformen eines anderen
Immanenz (lat.), das Diesseitige, der Welt Zugehörige
Investitur (lat.), wörtlich Einkleidung, Einsetzung der Bischöfe in ihr Amt
Kanon (griech.), wörtlich Richtschnur; Liste der anerkannten heiligen Schriften (Altes Testament, Neues Testament)
Katechismus (griech./lat.), Lehrbuch für die christliche Glaubensunterweisung
Kerygma (griech.), Verkündigung des Evangeliums und dessen Inhalt
Kongregation (lat.), oberste kirchliche Ver-

waltung der römischen → Kurie, vergleichbar einem Ministerium

Konzil (lat.), Versammlung der katholischen Bischöfe unter der Leitung des Papstes zur Beratung und Beschlußfassung in Fragen des Glaubens und des kirchlichen Lebens

Kurie (lat.), wörtlich Gerichtshalle; päpstliche Verwaltung

Manichäismus (pers./griech.), religiöse Strömung der Antike, die auf den Perser Mani zurückgeht. Sie betont den Gegensatz zwischen der Welt des Guten (des Lichtes, des Geistes) und der Welt des Bösen (der Finsternis, der Materie)

Materialismus (lat.), philosophische Lehre, die die ganze Wirklichkeit auf Kräfte oder Bedingungen der Materie zurückführt

Meditation (lat.), wörtlich Nachdenken; geistig-religiöse Übung, die zu intensiver Selbstwahrnehmung und Gotteserfahrung führen soll

Messias (hebr.), wörtlich der Gesalbte; der erwartete Befreier Israels; von den frühen Christen auf Jesus übertragen, griech. Übersetzung: Christus

Metapher (griech.), sprachliches Bild

Metaphysik (griech.), philosophische Lehre von den letzten Gründen und Zusammenhängen des Seins

Monotheismus (griech.), Glaube an einen einzigen Gott

Naherwartung, Glaube, daß das Ende der Welt bald bevorsteht

Nuntiatur (lat.), diplomatische Vertretung des Vatikan

Ökumene (griech.), wörtlich die bewohnte Welt; Gesamtheit der Christen aller Konfessionen

Offenbarung, Selbsterschließung Gottes

Option (lat.), wörtlich freie Wahl; (rational unbegründbare) Annahme eines Zusammenhangs oder einer Entwicklung als Voraussetzung des eigenen Verhaltens

Ontologie, ontologisch (griech.), Lehre vom Seienden und seinen Ordnungen

Orthodoxie (griech.), Rechtgläubigkeit, richtige Lehre. Selbstbezeichnung der von Rom getrennten Ostkirchen

Parusie (griech.), Wiederkunft Christi am Ende der Zeit

Positivismus (lat.), philosophische Richtung, die sich in ihrem Denken auf die empirisch wahrnehmbare Wirklichkeit beschränkt

Postulat (lat.), Forderung; notwendige These, die unbegründbar, aber durchaus glaubhaft und einsichtig ist

Pragmatismus (griech.), Einstellung, die Handlungen vorwiegend nach ihrem praktischen Wert beurteilt

Presbyterium (griech.), Kirchenvorstand in der evangelischen Kirche

Psychoanalyse (griech.), wörtlich Analyse der Seele, von Freud ausgehende Richtung der Psychologie, die seelische Störungen auf (unbewußte) Triebkonflikte zurückführt

Mysterium (griech.), (religiöses) Geheimnis, Geheimlehre, Sakrament

Mystik (griech.), Bezeichnung für religiöse Strömungen, deren Ziel das Einswerden des Menschen mit Gott bzw. dem Seinsgrund ist

Ritus (lat.), Formelement in Gottesdiensten und religiösen Festen

Scholastik, scholastisch (griech./lat.), wörtlich Schulwissenschaft, Schulbetrieb; die auf die antike Philosophie gestützte christliche Theologie

Spiritualität (lat.), seelisch-religiöse Prägung eines Menschen

Stoa (griech.), wörtlich Säulenhalle (= Versammlungsort einer Philosophenschule); verbreitete philosophische Lehre der Spätantike; sie rät zur Gelassenheit und besonnener Distanz zur Welt

Symbol (griech./lat.), allgemein: Kennzeichen, Zeichen; Gegenstand oder Vorgang, der stellvertretend für einen anderen (nicht sinnlich wahrnehmbaren) Zusammenhang steht. *Symbolum* = christliches Glaubensbekenntnis (→ Credo)

Synode (griech.), Kirchenversammlung, die Richtlinien für Glaube und Kirchenordnung erläßt

Theologie (griech.), wörtlich Lehre von Gott; Wissenschaft vom Glauben und seinen Aussagen

Tora (hebr.), wörtlich Weisung, Gesetz; Bezeichnung für die fünf Bücher Mose (Pentateuch)

Transzendenz (lat.), das Überschreiten der Grenzen (der Erfahrung, des Bewußtseins, des Diesseits)

Personenverzeichnis

Albertus Magnus (um 1200–1280), Philosoph, Theologe und Kirchenlehrer
Aloysius von Gonzaga (1568–1591), Jesuit
Ambrosius von Mailand (339–397), Bischof von Mailand und Kirchenlehrer
Amos (8. Jh. v. Chr.), alttestamentlicher Prophet
Anselm von Canterbury (1033–1109), Theologe und Philosoph
Aristoteles (384–322 v. Chr.), griechischer Philosoph
Auer, Alfons (geb. 1915), katholischer Theologe
Barth, Karl (1886–1968), evangelischer Theologe
Bentham, Jeremy (1748–1832), englischer Philosoph, einflußreicher Vertreter des Utilitarismus
Blank, Josef (geb. 1926), katholischer Theologe
Bonhoeffer, Dietrich (1906–1945), evangelischer Theologe
Bonifatius (Winfried) (672/675–754), Missionar Germaniens und Erzbischof
Bonifaz VIII. (1294–1303), Papst
Bultmann, Rudolf (1884–1976), evangelischer Theologe
Clara von Assisi (1194–1253), Mitbegründerin des Clarissenordens
Columbus, Christoph (1451–1506), Entdekker Amerikas
David (1000–961 v. Chr.), König Israels
Elija (9. Jh.), alttestamentlicher Prophet
Epikur (342/341–271/270 v. Chr.), griechischer Philosoph
Esra (5. Jh. v. Chr.), bedeutender Gesetzeslehrer und Reformer nach dem Babylonischen Exil
Feuerbach, Ludwig (1804–1872), Philosoph
Freud, Sigmund (1856–1939), Arzt, Begründer der Psychoanalyse
Galilei, Galileo (1564–1642), Mathematiker und Astronom
Gregor der Große (590–604), Papst und Kirchenlehrer
Gregor VII. (um 1020/25–1085), Papst (1073–1085)
Gregor IX. (um 1170–1241), Papst (1227 bis 1241)
Hosea (8. Jh. v. Chr.), alttestamentlicher Prophet
Ignatius von Loyola (1491–1556), Gründer des Jesuitenordens
Jeremia (7./6. Jh. v. Chr.), alttestamentlicher Prophet
Jesaja (8. Jh. v. Chr.), alttestamentlicher Prophet
Johannes XXIII. (1881–1963), Papst von 1958–1963
Josua (13. Jh. v. Chr.), Nachfolger des Mose und der Führer der Israeliten bei der Landnahme
Kant, Immanuel (1724–1804), Philosoph
Karl der Große (768–814), erster mittelalterlicher Kaiser
Kepler, Johannes (1571–1630), Astronom
Konstantin der Große (280–337), römischer Kaiser
Kopernikus, Nikolaus (1473–1543), Astronom
Kyros I (gest. 530 v. Chr.), persischer König, der 539 das neubabylonische Reich besiegt und den exilierten Juden die Rückkehr nach Jerusalem ermöglicht
Leo XIII. (1810–1903), Papst von 1878–1903
Locke, John (1632–1704), englischer Philosoph
Lortz, Josef (1887–1975), katholischer Kirchenhistoriker
Luther, Martin (1483–1546), Theologe und Reformator
Makkabäer, jüdisches Geschlecht, das in den

Jahren 167–137 v. Chr. den Aufstand der Juden gegen die Seleukidenherrschaft anführte
Marx, Karl (1818–1883), Philosoph, Begründer des Marxismus
Metz, Johann Baptist (geb. 1928), katholischer Theologe
Moltmann, Jürgen (geb. 1926), evangelischer Theologe
Mose (13. Jh. v. Chr.), Stifter der israelitischen Religion
Nehemia (5. Jh. v. Chr.), Statthalter in Jerusalem und Reformer nach dem Babylonischen Exil
Paul III. (1468–1549), Papst von 1534–1549
Paul VI. (1897–1978), Papst von 1963–1978
Paulus (gest. 63/64), Apostel des Urchristentums, Missionar, Verfasser bedeutender Briefe des NT
Platon (427–347 v. Chr.), griechischer Philosoph
Rahner, Karl (1904–1984), kath. Theologe
Rousseau, Jean-Jacques (1712–1778), französischer Philosoph und Kulturkritiker
Salomo (961–931 v. Chr.), König Israels
Sartre, Jean-Paul (1905–1980), französischer Philosoph und Schriftsteller
Saul (ca. 1020–1000 v. Chr.), erster König in Israel
Schillebeeckx, Edward (geb. 1914), katholischer Theologe
Sölle, Dorothee (geb. 1929), evangelische Theologin und Germanistin
Teilhard de Chardin, Pierre (1881–1955), katholischer Theologe und Paläontologe
Tertullian (ca. 160–ca. 220 n. Chr.), frühchristlicher Kirchenschriftsteller
Theodosius I., der Große (379–395), römischer Kaiser
Thomas von Aquin (1225–1275), Philosoph und Theologe
Tillich, Paul (1886–1965), evangelischer Theologe und Philosoph
Voltaire, François-Marie Arouet (1674 bis 1778), französischer Dichter und Philosoph
Welte, Bernhard (1906–1983), katholischer Theologe und Philosoph

Literaturhinweise

Die folgenden Leseempfehlungen beschränken sich auf solche Bücher, die einführenden Charakter haben, für einen breiteren Leserkreis verständlich und leicht beschaffbar sind.

Allgemeine Einführungen

Gemeinsame Synode der Bistümer in der Bundesrepublik Deutschland. Offizielle Gesamtausgabe I. Freiburg (Herder) ^{5}1982

Evangelischer Erwachsenenkatechismus. Kursbuch des Glaubens. Gütersloh (Gütersloher Verlagshaus) ^{4}1982

Glaubensverkündigung für Erwachsene. Deutsche Ausgabe des Holländischen Katechismus. Freiburg (Herder-Bücherei 382) ^{11}1980

Feiner, J./Vischer, L. (Hrsg.): Neues Glaubensbuch. Der gemeinsame christliche Glaube. Freiburg (Herder) und Zürich (tvz) ^{5}1979

Küng, H.: Christ sein. München (Piper) 1974

Ratzinger, J.: Einführung in das Christentum. Vorlesungen über das Apostolische Glaubensbekenntnis. München (Kösel) 1968

Grundriß des Glaubens. Katholischer Katechismus. Allgemeine Ausgabe. Hildesheim/München (Bernward/Kösel) ^{2}1984

Religion

Betz, O.: Religiöse Erfahrung. Wege zur Sensibilität. München (Pfeiffer-Werkbücher 141) 1977

Halbfas, H.: Religion. Stuttgart (Kreuz) 1977

Tillich, P.: Wesen und Wandel des Glaubens. Berlin (Ullstein-Buch Nr. 318) 1961

Welte, B.: Religionsphilosophie. Freiburg (Herder) ^{3}1980

Gott

Fries, H. (Hrsg.): Gott – die Frage unserer Zeit. München (Don Bosco) 1973

Schultz, H. J. (Hrsg.): Wer ist das eigentlich – Gott? München (Kösel) 1977

Jesus Christus

Blank, J.: Jesus von Nazareth. Geschichte und Relevanz. Freiburg (Herder) ^{6}1980

Blank, J./Hasenhüttl, G. (Hrsg.): Glaube an Jesus Christus. Düsseldorf (Patmos) 1980

Schierse, F. J.: Christologie. Düsseldorf (Patmos) ^{2}1980

Schillebeeckx, E.: Jesus. Die Geschichte von einem Lebenden. Herder (Freiburg) ^{6}1978

Kirche

Boff, L.: Kleine Sakramentenlehre. Düsseldorf (Patmos) ^{4}1980

Schneider, Th.: Zeichen der Nähe Gottes. Grundriß der Sakramententheologie. Mainz (Grünewald) ^{3}1982

Kaufmann, F.-X.: Kirche begreifen. Analysen und Thesen zur gesellschaftlichen Verfassung des Christentums. Freiburg (Herder) 1979

Küng, H.: Die Kirche. München (Piper) 1977

Ethik

Althaus, H. (Hrsg.): Der Mensch und sein sittlicher Auftrag. Freiburg (Herder) 1983

Auer, A.: Autonome Moral und christlicher Glaube. Düsseldorf (Patmos) ^{2}1984

Böckle, Franz: Fundamentalmoral. München (Kösel) ^{2}1978

Bibel

Arenhoevel, D.: So wurde die Bibel. Ein Sachbuch zum Alten Testament. Stuttgart (Katholisches Bibelwerk) ^{4}1981

Lang, B.: Ein Buch wie kein anderes. Einführung in die kritische Lektüre der Bibel. Kevelaer/Stuttgart (Butzon & Bercker KBW) 1980

Venetz, H. J.: So fing es mit der Kirche an. Ein Blick in das Neue Testament. Zürich/Einsiedeln/Köln (Benziger) ^{2}1981

Kirchengeschichte

Flasch, K.: Augustin. Einführung in sein Denken. Stuttgart (Reclam) 1980

Frank, K. S.: Grundzüge der Geschichte des christlichen Mönchtums. Darmstadt (Wissenschaftliche Buchgesellschaft) ^{3}1975

Kottje, R./Moeller, B. (Hrsg.): Ökumenische Kirchengeschichte. 3 Bde., Mainz/München (Grünewald/Kaiser) ^{2}1979–^{3}1983

Lohse, B.: Martin Luther. Eine Einführung in sein Leben und Werk. München (Beck) ^{2}1982

Lortz, J.: Die Reformation in Deutschland. Freiburg (Herder), ^{6}1982